#SERIE: PRINCIPIOS DEL ÉXITO

¿QUIÉN SOSTIENE TU ESCALERA?

LA DECISIÓN MÁS IMPORTANTE DEL LIDERAZGO: SELECCIONAR TUS LÍDERES

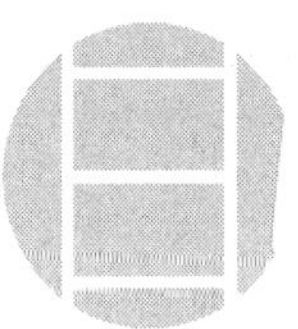

SAMUEL R. CHAND

Cursivas y negritas en el texto son énfasis del autor.

¿QUIÉN SOSTIENE TU ESCALERA?
La decisión más importante del liderazgo: seleccionar tus líderes.

Samuel R. Chand
con Cecil Murphey

Originally published in English under the title
Who's Holding Your Ladder? Selecting Your Leaders: Leadership's Most Critical Decision
by Whitaker House

Traducción al español por Juan Fernando García

Editado por Henry Tejada Portales

ISBN: 979-8-88769-318-7
eBook ISBN: 978-1-62911-540-5
Impreso en los Estados Unidos de América

Whitaker House
1030 Hunt Valley Circle
New Kensington, PA 15068
www.espanolwh.com

Por favor envíe sugerencias sobre este libro a: comentarios@whitakerhouse.com.

1 2 3 4 5 6 7 8 9 10 11 **w** 31 30 29 28 27 26 25 24

LO QUE OTROS LÍDERES DICEN

"La comprensión aguda de Chand y la vasta exposición al liderazgo, lo han preparado bien para prever y ajustar las directrices del liderazgo".

—*Dr. John C. Maxwell*
The Injoy Group

"Dados los muchos líderes que están implosionando justamente delante de nuestros ojos, ¡esta es una discusión oportuna de una fuente capacitada! Es mi oración que piense con profundidad en los pensamientos del Dr. Chand, ¡sea usted líder o sirva a uno!".

—*Obispo T.D. Jakes Sr.*
Autor de éxitos de ventas del *New York Times*
Pastor, The Potter's House of Dallas, Inc., Dallas, TX

"Este magnífico libro de mi amigo, el Dr. Sam Chand, le dará una comprensión práctica del dolor, la presión y su potencial. Lea este libro para que su perspectiva sea transformada para siempre".

—*John Bevere*
Autor / Ministro, Messenger International

"Las perspectivas de Sam Chand ayudarán a cualquier líder a enfrentar exitosamente los retos inevitables que todos los líderes deben enfrentar. Sam es un comunicador brillante, y este libro es lectura obligada para cualquiera que quiera llegar a ser un líder más fuerte, más sabio y más compasivo".

—*Jentezen Franklin*
Pastor principal, Free Chapel,
Autor del éxito de ventas del *New York Times*, El Ayuno

"El Dr. Chand ha sido uno de los mentores más valiosos en mi vida y ministerio. Tiene un carácter tremendo, una valiosa perspectiva del liderazgo, un sentido del humor contagioso, y un corazón de pastor. Ha sido mi mentor y me ha hecho ser un líder espiritual mucho más fuerte".

—*Pastor Craig Groeschel*
Lifechurch.tv
Edmond, OK

"Samuel Chand está siendo pionero en el proceso de conducir la Iglesia hacia el mañana".

—*Bill McCartney*
Promise Keepers, Denver Colorado

"Samuel Chand es una de las luces más brillantes en el horizonte de la Iglesia hoy".

—*Jay Hayford*
Van Nuys, California

CONTENIDO

1

¿QUIÉN SOSTIENE TU ESCALERA?

Miraba fijamente por la ventana mientras esperaba a que alguien me llamara para entrar. Yo era el orador invitado a una conferencia en Queens, Nueva York. Mientras meditaba en los puntos que deseaba cubrir, algo en la calle llamó mi atención.

Era un hombre, parado sobre una escalera, pintando. A simple vista no era algo inusual. Sonreí, recordando mis días de estudiante en la escuela bíblica. Había pasado mis veranos realizando esa clase de trabajo. Pero no podía quitar mi mirada del hombre. Por varios minutos miré sus agraciados movimientos mientras movía su brocha a través de la superficie.

«¿Quién le estará sosteniendo la escalera a ese hombre?», pregunté en voz alta, pues no alcanzaba a ver hasta la parte de abajo de la calle.

Mientras permanecí en la oficina de Robert Johansson, seguí pensando en esa pregunta. Alguien tenía que estar abajo sosteniendo la escalera del pintor, aunque yo no podía verlo. Tuve esa impresión al mirar fijamente desde ocho pisos por encima del nivel de la calle. Mientras miraba al hombre pintar la pared exterior, noté que él únicamente podía cubrir un área limitada. Se estiró lo más lejos que pudo a la izquierda y después a la derecha, e incluso alcanzó por encima de su cabeza. Mientras lo observaba, se me ocurrió que él solamente llegaría a la altura hasta donde le fuera cómodo subir la escalera o alcanzar la pared.

¿Qué le permitiría ir más arriba?, me pregunté. Pude ver que estaba parado en una escalera de extensión, así que tenía posibilidades de ir más arriba; y tendría que hacerlo si quería terminar el trabajo. Si la escalera alcanzaba hasta la parte superior del edificio, él todavía necesitaba una cosa más. Necesitaba tener a alguien abajo, a nivel de la calle, que sostuviera su escalera firmemente mientras él trabajaba.

Por sí solo, el pintor no podría llegar más lejos. Se había estirado y alcanzado, y había hecho todo lo posible por sí mismo. Él necesitaba ayuda.

Mientras miraba los rítmicos brochazos, pensé en esa acción en términos de liderazgo. Comprendí que, ya sea en administración o en sistemas, la eficacia de un líder depende de la persona o personas que le sostienen la escalera, es decir aquellos que están en labores de apoyo.

Entonces, otro pensamiento me sorprendió: aquellos que sostienen las escaleras son tan importantes como lo son los líderes.

Mi mente no soltaba esa imagen. Mientras miraba fijamente por esa ventana en Queens, continué pensando que ningún líder llega a la cima sin aquellos que están abajo sosteniendo la escalera. Estiré mi cuello tratando de ver la acera, pero nunca pude ver quién sostenía esa escalera.

AQUELLOS QUE SOSTIENEN LAS ESCALERAS SON TAN IMPORTANTES COMO LO SON LOS LÍDERES.

Entonces sonreí mientras mi mente giraba alrededor del simbolismo del liderazgo, del éxito, y de las personas que permiten que las cosas sucedan. Aquellos que apoyan fielmente desde abajo a menudo no son visibles. Eso no disminuye su importancia o el hecho de que son necesarios; mas significa que aunque cada parte de sus ministerios o posiciones son tan importantes como el pintor que yo miraba, en ocasiones hacen su trabajo sin que se note. A veces puede que Dios sea el único que sabe quién está sosteniendo la escalera.

Llevé la idea aún más allá. Comencé a pensar en la escalera como el símbolo del sueño y de la visión del líder, y, por supuesto, eso hace del pintor un visionario. Una vez que los visionarios comienzan a levantar sus escaleras, las organizaciones pueden ser enormes y de gran alcance, o pequeñas y limitadas. Los visionarios podrán tener todo el entrenamiento posible, el equipo más costoso, años de experiencia y conocimiento sobre pintura, y podrán tener toda la maestría y ser extremadamente apasionados en lo que hacen, pero ese no es el factor decisivo. Quien sostiene la escalera determina la altura del que sube por ella. "¡Así es!", exclamé. "Quienes sostienen la escalera controlan el ascenso de los visionarios".

ESCALERAS Y LIDERAZGO

Continué pensando en esa idea mucho tiempo después de haberme ido de la conferencia en Queens. Consideraba cómo ese concepto se aplica al liderazgo en todas las esferas. Inmediatamente recordé tres ejemplos (o paradigmas, como nos gusta llamarlos hoy día). Primero los escuché como parte de un poderoso mensaje de Gerald Brooks, de Grace Outreach Center, en Plano, Texas. En una conferencia grande a la que asistí, él enfatizó que hay tres formas en las cuales realizamos las labores en una organización.

La primera es hacer todo nosotros mismos. Así es como una cantidad de líderes intenta operar, especialmente cuando la organización es pequeña. Finalmente afrontan la realidad. *¡Es demasiado trabajo!*

La segunda es contratar personal. Algunas organizaciones les pagan a otros para que asuman el control de una parte o de toda la carga. *¡Eso cuesta demasiado dinero!*

La tercera es desarrollar a otros. Algunos líderes les enseñan a las personas a realizar las labores. *¡Eso toma demasiado tiempo!*

Brooks enfatizó que nos había dado tres paradigmas y que todos tenían desventajas. "¿Qué es lo más acertado que se puede hacer?", preguntó.

Obviamente, la respuesta es la tercera opción: desarrollar a otros. Sin embargo, demasiados líderes están tan ocupados pintando en la parte superior de sus propias escaleras, que no se dan cuenta de cuánta ayuda necesitan. No captan la importancia de desarrollar sostenedores de escalera hasta que se encuentran a dieciocho metros por encima del suelo y comienzan a mirar hacia abajo. A consecuencia de no haberles enseñado a otros a sostener sus escaleras, algunos visionarios han caído. Otros se han desgastado por el trabajo excesivo y por tratar de hacerlo todo ellos mismos. Algunos simplemente han dejado de intentarlo. "Es demasiado duro", dicen, "y demasiado solitario".

Cuando utilicé el término *desarrollar* a otros, cuidadosamente seleccioné esa palabra en vez de entrenar. Hay una gran diferencia entre desarrollar personas y entrenarlas. El entrenamiento se enfoca en las labores; el desarrollo se enfoca en la persona. El entrenamiento es unidireccional; el desarrollo es multidireccional. Entrenamos a las personas para ser recepcionistas, por ejemplo. Cuando terminamos, son buenos recepcionistas y hacen bien sus labores. No los hemos desarrollado de modo que estén listos para ocupar otras posiciones.

Estamos llamados a desarrollar líderes. Si no desarrollamos y equipamos a otros, nunca vamos a tener la clase de sostenedores de escalera que necesitamos, especialmente cuando deseamos subir a los peldaños superiores.

Quizás la mejor forma de mostrar cómo funciona esto es considerar el contraste entre proyectos y personas. El momento en que los líderes más necesitamos a los sostenedores de escalera, es cuando cambiamos el trabajo con actividades por el trabajo con individuos. Los proyectos implican políticas, programas, edificios, ideas o sistemas. Esas cosas son bastante estables y se entienden fácilmente. Por lo general, podemos controlar las variables.

Cuando nos movemos más allá de los proyectos, no solo hemos dado un salto importante; también tenemos que cambiar nuestra manera de pensar. No podemos tratar a las personas de la forma que tratamos las ideas o las actividades. Obviamente, la mayoría de las personas son egocéntricas y están más preocupadas por sí mismas que por otros. Eso es algo que tienen que aprender en su proceso de crecimiento. Comprender ese hecho sobre la naturaleza humana nos obliga constantemente a movernos en busca de nuevas respuestas. Necesitamos ayudar a aquellos que estamos desarrollando a:

- entender su propósito;
- entender por qué sus funciones son importantes;
- hacerle frente a la decepción como también al éxito;
- encender su pasión e inspirarles a alcanzar la plenitud de su potencial.

Algunos líderes sienten como si estuvieran progresando porque hay acción. Se enfocan en el alboroto y en el nivel de ruido que hay alrededor de ellos. En realidad, puede que estén retrocediendo. Tener muchas actividades no siempre es avanzar. La prueba viene cuando el tumulto cesa. Ahí es cuando las personas se dan cuenta de que la acción los ha retrasado.

Por ejemplo, esto sucede cuando los líderes pasan de planificar proyectos a desarrollar personas. A causa de que no están preparados o enseñados para lidiar con personas, terminan regresando a los proyectos. Es decir, terminan administrando en vez de liderar. Lideramos personas, pero administramos cosas.

Algunas veces intentar pasar de administrar proyectos a liderar personas termina en escándalos, enojos profundamente arraigados y serios reproches. Muchos de aquellos que se llaman a sí mismos líderes, son en realidad buenos administrando proyectos. Ellos pueden visualizar lo que es necesario hacer; son conscientes de que a menos que las aguas se dividan milagrosamente, necesitarán construir un puente para atravesar un río. A menudo son conscientes de la necesidad de llegar al otro lado mientras los demás están disfrutando del agua. Ellos captan los problemas que conlleva hacer una estructura suficientemente fuerte o amplia. Muy a menudo, sin embargo, no saben cómo llevarlo a cabo porque no saben trabajar bien con las personas. Solamente son conscientes de que necesitan que se construya un puente, y no pueden entender por qué las personas no se ofrecen voluntariamente y echan una mano para realizar la tarea. *Son líderes de proyecto.*

LIDERAMOS PERSONAS, PERO ADMINISTRAMOS COSAS.

Si no tienen excelentes habilidades sociales, se enfocan en dirigir a otros, poniendo a los individuos a trabajar para culminar la tarea. Le dan poca importancia a los talentos o intereses de aquellos que están haciendo el trabajo. "Solo termínalo", es la primera frase (y a veces la única) en su vocabulario.

Esto demuestra una diferencia crucial en el liderazgo. Los líderes de proyectos ven la necesidad, y admiramos su interés en terminar las cosas. No se preocupan mucho de quién hace qué, siempre y cuando tengan el puente construido, algunas herramientas necesarias, y a todo el equipo de líderes transitando a través del puente.

En resumen, ocuparse de proyectos es más fácil, pero tratar con las personas es más difícil.

Para el momento en que los líderes de proyecto preparan el campamento en el lado este del río que atravesaron, alguien comienza a comprender que hacer proyectos y construir puentes no es lo que realmente cuenta. Ellos necesitan los puentes, por supuesto, pero entienden que las prioridades están equivocadas. Al final, las organizaciones maduran y se extienden a través de personas que están siendo edificadas, apreciadas y desarrolladas. Las personas valen más que puentes, elevadores, escaleras eléctricas o escaleras convencionales. Todos los proyectos necesitan personas, pero necesitan el tipo apropiado de personas. Especialmente necesitan trabajadores comprometidos y talentosos para construir correctamente el puente.

LOS SOSTENEDORES DE ESCALERA APROPIADOS

Después de salir de la iglesia del pastor Johansson, por muchos días pensé en los sostenedores de escalera. He estado alrededor de millares de líderes en los negocios y en diversas organizaciones, y he llegado a una comprensión fundamental: la decisión más importante que los líderes toman (ya sea construir un puente que cruce un río o erigir escaleras para escalar los muros de las fortalezas del enemigo) es seleccionar a los ayudantes apropiados. Si no tienen a las personas adecuadas sosteniendo la escalera, el proyecto fracasará.

Necesitamos escoger líderes involucrados, activos, y que muestren su compromiso con la visión a través de su participación. Cuando miramos las cualidades que buscamos, sin embargo, antes de cualquier otra cosa, necesitamos comenzar con la integridad.

¿Suena obvio? Puede ser que no. Tengo un amigo que llegó a ser el pastor de una iglesia donde tenían una junta directiva de quince personas. Anualmente la congregación elegía a cinco personas que servían por tres años. Eso suena bien, pero el problema al que mi amigo se enfrentaba cada año era la elección de esas cinco personas.

Él se sentía frustrado porque la mayor parte de aquellas personas no asistían a la escuela dominical, donde se forman a los niños, y sin embargo tomaban decisiones sobre los programas educativos. Algunos de ellos asistían a la iglesia en promedio una vez al mes y pasaban más domingos en el campo de golf, y sin embargo tomaban decisiones importantes para la vida de la iglesia.

El pastor no pudo evitar preguntar por uno de los miembros de la junta directiva:

—¿Por qué lo eligieron?

—Para honrarlo. Ha estado en esta iglesia toda su vida y su papá también fue miembro de la directiva.

—Es uno de los mejores hombres de negocios de la ciudad y las personas respetan sus decisiones —dijo otro—. Él puede ayudarnos a tomar buenas decisiones.

—Si lo elegimos como miembro de la junta directiva —fue otra respuesta—, quizás será muy activo como líder.

—Actívenlo como líder —refutó mi amigo—, y después, nómbrenlo como miembro de la junta directiva.

A mi amigo pastor le tomó dos años más hacer entender a los demás la necesidad de integridad. Le tomó otros dos años lograr tener una junta directiva que funcionara con visión y compromiso. Antes de finalizar el quinto año como pastor, tenía personas en el liderazgo que fielmente asistían cada semana y que eran responsables con los encargos que se les daban. Algunos enseñaban en la escuela dominical, cantaban en el coro o participaban en grupos de estudio. Todos se habían probado a sí mismos en algún tipo de actividad antes de pensar que podían llegar a ser parte de la junta directiva. En resumen, eran personas de integridad.

¿Por qué esta cualidad es tan crucial? La respuesta es que, en última instancia, el cumplimiento de la visión depende de las personas que sostienen la escalera del líder visionario.

He aquí un ejemplo de cómo funciona esto. Yo puedo cambiar la bombilla del techo de mi sala. Eso no es un gran problema porque lo único que necesito es una pequeña escalera de un metro y medio. Puedo pararme en el peldaño que necesite para alcanzar el accesorio. No necesito a nadie que sostenga mi escalera.

¿Qué pasa si las bombillas que iluminan la parte exterior de mi casa necesitan ser reemplazadas y las bombillas están ubicadas a dos pisos de distancia del suelo? No puedo cambiarlas desde la parte interior de la casa o inclinándome desde la azotea. La única forma de cambiar las bombillas es utilizando una escalera de seis metros.

Pararse a seis metros de distancia del piso en un pedazo de madera de cuarenta y cinco centímetros de ancho da bastante miedo. ¿Qué sucede si la escalera comienza a tambalearse? ¿Qué sucede si llego arriba y me siguen faltando algunos centímetros para alcanzar la bombilla y tengo que empinarme? Sí, necesito a alguien que sostenga mi escalera.

Una situación como esta me sucedió realmente. Habíamos invitado a unos amigos para celebrar el cumpleaños de nuestra hija, Rachel. Ella había cumplido dieciocho años. Mi esposa Brenda había trabajado arduamente preparando la casa para los invitados. Al inicio de la semana, ella me había encargado algunas tareas exteriores, y una de ellas era cambiar los focos de iluminación. Yo había olvidado hacer esa tarea.

Quince minutos antes de que nuestros primeros invitados llegaran, fui a encender las luces exteriores y no respondieron. Entonces recordé: me olvidé de poner un foco nuevo.

"Arreglaré esto", me dije, mientras entraba al garaje, tomaba un foco y sacaba mi escalera práctica y plegable que compré en la tienda *Home Depot*. La instalé al lado del garaje. Después me di la vuelta y miré la distancia a la que estaba del suelo. Hasta ese momento no me había dado cuenta de lo alto que estaba el foco del suelo. Yo tenía experiencia en subir y bajar escaleras, así que levanté mis hombros y pensé: *Es solo una bombilla, no es gran cosa,* y comencé a subir. Cuando había subido cerca de dos terceras partes, sentí que la escalera comenzó a tambalearse, solo un poco, pero lo suficiente como para saber que no era seguro continuar.

"¡Rachel! Ven y ayúdame —exclamé—. Necesito que me sostengas la escalera".

Mi hija salió y me miró fijamente, sin estar segura de lo que debía hacer. Ella se inclinó hacia adelante con un brazo en cada lado, como para sostenerme si yo caía. Yo sonreí ante su inocencia.

"No, hija, tienes que sostener esto de modo que cuando llegue a la parte superior de la escalera no se tambalee y me haga caer".

Me bajé y le pedí que estuviera parada delante de la escalera. "Ahora dobla los dedos del pie y apóyalos en la parte inferior de la escalera". Le mostré cómo.

"¡Estos son mis zapatos nuevos!", dijo ella.

"¿Qué prefieres?" —le pregunté sonriendo—. "¿Quieres unos zapatos con rasguños o un padre con una pierna fracturada?".

Ella quería entrar corriendo y cambiarse primero sus zapatos, pero casi era la hora de llegada de los invitados. Así que dije impacientemente: "No, ahora no me preocupan tus zapatos, solo sostén la escalera".

Ella sostuvo la escalera precisamente como yo le había mostrado. Sin embargo, al llegar a la parte de arriba y tratar de sacar la vieja bombilla, esta se rompió y la parte de metal se quedó dentro de la toma de corriente. Tuve que bajarme de la escalera, entrar apresuradamente a la casa, apagar el interruptor, y tomar el alicate para extraer lo que faltaba sacar.

Cuando regresé, Rachel sostuvo fielmente la escalera (¡no se le rayaron sus zapatos!). Mientras bajaba, después de terminar mi tarea con la bombilla, comprendí la importancia de lo que ella había hecho. Para mi hija, sostener la escalera había sido una tarea sin mucha importancia. Para mí fue un asunto de seguridad. No habría podido cambiar esa bombilla si ella o alguien más no hubiese sostenido mi escalera.

Mientras retiraba mis implementos, pensé: *Esta es la manera en que funcionan las organizaciones y el mundo de los negocios.* Cuanto más arriba necesitamos llegar, más importantes llegan a ser los sostenedores de escalera. Fue uno de esos grandes momentos de revelación para mí. Siempre he valorado a las personas, pero en ese instante comprendí la necesidad absoluta de buscar, reclutar y entrenar individuos para sostener escaleras o realizar cualquier otra función en el liderazgo.

CUANTO MÁS ARRIBA NECESITAMOS LLEGAR, MÁS IMPORTANTES LLEGAN A SER LOS SOSTENEDORES DE ESCALERA.

Desde ese día en Queens, el mensaje de sostener escaleras ha llegado a ser cada vez más significativo para mí. Mientras viajo alrededor del país, a veces hago esta pregunta: "¿Quién sostiene tu escalera?". Estoy convencido de que todos los pintores exitosos que pueden alcanzar las partes altas del edificio lo hacen debido a aquellos que los estabilizan en la parte inferior, mientras ellos trabajan y cumplen su visión.

Aquellos que insisten en hacerlo todo ellos mismos pueden aún pintar, pero no muy arriba y no muy eficazmente. Y porque insisten en hacerlo ellos mismos, no es muy seguro ni razonable.

2

¿QUÉ CLASE DE PERSONA SOSTIENE TU ESCALERA?

"No soy nadie".

"No marco ninguna diferencia. Incluso nadie me extraña cuando estoy ausente".

"Solamente contesto el teléfono en nuestra oficina y hago unas cuantas cartas. Cualquiera puede hacer lo que yo hago".

"No soy predicador o cantante, de manera que solo soy una de las luces menos notables en la Iglesia".

Esa es la clase de respuestas típicas que he oído de personas (personas de apoyo), aquellas que son sencillamente tan importantes en sus propias funciones de apoyo como las estrellas del espectáculo.

Quiero ser claro en cuanto a identificar a los que sostienen la escalera:

- Son el fundamento de cualquier organización.

- Son los que permiten que los líderes alcancen su máximo potencial.
- Tienen la escalera sostenida con tanta seguridad, que los líderes no tienen que inquietarse o preocuparse constantemente por la posibilidad de caerse.

En el capítulo anterior pregunté: "¿Quién sostiene tu escalera?". Ahora pregunto: ¿Qué clase de persona sostiene tu escalera? Démosle una mirada más de cerca a aquellos que aceptamos, enlistamos, reclutamos o contratamos para sostener nuestra escalera.

El punto más obvio es que no podemos simplemente poner a cualquiera a que haga el trabajo.

Para dar una idea de la importancia de este rol, me pondré yo mismo como ejemplo. Peso cerca de 70 kilos y mido 1.76 metros, así que no soy una persona pesada. Digamos que tú decides subir a una escalera de seis metros. Posiblemente yo pueda sostener tu escalera si el suelo es totalmente plano. Pero ¿qué sucede cuando decides subir a una escalera de doce metros? No vas a querer a cualquiera en la parte de abajo.

En las conferencias a menudo ilustro este punto. Busco a uno de los hombres más altos de la audiencia y le pido que suba a la plataforma y que se sitúe a mi lado. Me aseguro de que él me sobrepase por lo menos en quince centímetros y que pese veinte o más kilos que yo.

Mientras el hombre está a mi lado, las diferencias entre nosotros son tan obvias que no es necesario comentarlas. "Si estuvieran subiendo una escalera de doce metros, ¿a quién elegirían para sostener esa escalera?", le pregunto a la audiencia. Obviamente, siempre eligen al otro hombre.

Luego digo: "¡Mírenme! Soy muy bueno sosteniendo escaleras. Ustedes no saben esto, pero tengo un doctorado en sostener escaleras. Me fascina sostener escaleras. No hay nada que me haga sentir mejor que eso. Me da un profundo gozo y satisfacción interior. Además de eso, he aprendido técnicas estupendas. Por eso, yo puedo sostener cualquier escalera con dos dedos y usar solamente un pie. Cuando sostengo una escalera soy tan elegante, que pareciera como si estuviera posando para un escultor. Además, he sostenido muchas escaleras en mi vida. También he sostenido escaleras en Kenia, en India, y en Australia, así que soy un sostenedor de escaleras internacional. Bueno, algunas escaleras se sacudieron un poco, pero hasta ahora nadie se ha caído; por lo menos, todavía no".

Señalo al hombre que está a mi lado. "Ustedes no saben nada acerca de él y no le han preguntado sobre su experiencia. Con solo mirarnos, ustedes preferirían que él sostuviera su escalera al subir una altura de doce metros. ¿Por qué elegirían a esta persona menos experimentada en lugar de elegirme a mí?".

"Él es más alto".

"Es más fuerte".

"Es más grande que tú".

No culpo a la audiencia. Si tuviera una opción, desearía que alguien más pesado y más fuerte que yo estuviera en la parte de abajo de mi escalera.

El principio funciona en cualquier forma de liderazgo. Los líderes prefieren al hombre más grande porque sus vidas están en juego. Cuanta más altura, más fuerte quieren que sea la persona en la parte de abajo. Eso es simplemente sentido común.

También descubrí que a la audiencia no le interesó mi educación, y no quisieron saber que podía posar elegantemente al hacer mi trabajo. Ellos querían fuerza física, la seguridad de que estarían fuera de peligro al alcanzar los nueve, doce, quince, y aun los dieciocho metros.

Usualmente alguien grita: "¡Queremos que alguien lo suficientemente fuerte sostenga la escalera, de modo que podamos sentirnos seguros!".

CUALIDADES NEGATIVAS

No siempre queremos elegir a la persona más grande. Eso depende de la tarea. La fuerza es importante, pero a menudo tenemos otras cualidades que necesitamos. Una manera de ver esto es enfocarse en las cualidades que no queremos.

¿Qué nos dice esto de quienes están en funciones de liderazgo?

Necesitamos escoger a las personas apropiadas para realizar el trabajo que queremos hacer.

Aquí están las clases de personas que NO queremos que sostengan nuestras escaleras.

1. *No queremos a aquellos que necesitan que se les recuerde algo constantemente.* Cuando sé que voy a tener que trepar veinte metros, ¿qué clase de persona elijo? Mientras pensamos en las

labores que necesitan ser hechas en nuestra organización o negocio, ¿a quién se lo pediríamos?

Es agotador y frustrante si tenemos que decirle a alguien el domingo en la mañana: "No te olvides. El martes en la noche prometiste ayudarme". Es una molestia si tenemos que llamar a esa misma persona dos horas antes del tiempo programado y decirle: "Solo quería recordarte que esta noche empezaremos a las 7:30".

Tenemos muchas personas como esas en nuestros negocios y organizaciones. Por ejemplo, voy a contar sobre un hombre al que llamaré Héctor. Tenía la sonrisa más agradable que jamás he visto. "«¿Vendrás el viernes en la noche para ayudar?", le pregunté cierta vez. Estuvo de acuerdo y prometió que quería hacer cualquier cosa que pudiera para ayudarme.

No me tomó mucho tiempo darme cuenta de que Héctor haría cualquier cosa; eso sí, si se la recordaba muchas veces. Esto es un poco exagerado, pero parecía que para el martes tendría que llamarlo y recordarle lo que yo quería que hiciera. El miércoles tendría que decirle a qué hora lo quería donde habíamos quedado. El jueves tendría que llamarlo otra vez, solo para cerciorarme de que no se había olvidado ni había planeado hacer otra cosa.

Esto no se aplica solamente a Héctor, porque él tiene hermanos y hermanas; y en el mundo laboral están llenos de ellos. Si hago toda la organización y después lo explico con simples detalles, ellos harán lo que quiero. Algunos de ellos vendrán el día indicado, pero puedo también suponer que lleguen por lo menos quince minutos tarde.

Otros desean ayudar, pero tengo que explicar cada paso sobre cómo hacer el trabajo. Es el mismo trabajo que expliqué tres semanas atrás y necesitaré aclararlo nuevamente en otras tres semanas.

¿Qué decimos de personas como Héctor?

La reacción común es: "Con todo el tiempo que me toma decirle lo que tiene que hacer, prefiero hacerlo yo mismo".

A veces estamos tan cansados de aquellos que necesitan constantes recordatorios, que preferimos hacerlo nosotros mismos sin ninguna ayuda. Eso es un error. Nos hemos centrado tanto en los que sostienen la escalera negativamente, que olvidamos que hay otros individuos confiables que podemos invitar.

2. *No queremos a aquellos que se comportan de manera indiferente.* He aquí una pregunta que cada líder necesita formularse: "Las personas que yo empleo o recluto, ¿se interesan por su trabajo?". Si Elmer sostiene mi escalera, ¿apoyará todos los dedos de sus pies y sostendrá la escalera con ambas manos? ¿O tendrá una mano medio puesta en uno de los peldaños y en la otra una taza de café de Starbucks? ¿Se tomará su café y sostendrá una conversación con alguien al otro lado de la calle mientras yo estoy arriba pintando? Espero que no. Si Elmer va a sostener mi escalera, yo quiero toda su atención.

Quiero cerciorarme de que mi sostenedor de escalera entienda lo que estoy intentando lograr. Pensemos en las diversas tareas voluntarias, como ser alguien que da la bienvenida en una iglesia.

Por ejemplo, en la noche del sábado culminé una conferencia en Albuquerque, Nuevo México, y había planeado tomar el vuelo nocturno de regreso a Atlanta. Debido al mal tiempo en el este, el vuelo fue cancelado y no pude salir hasta el mediodía del domingo. Escogí una iglesia cerca del hotel y entré.

Dos personas estaban paradas en la puerta de entrada hablando sobre un concierto góspel al que uno de ellos había asistido. Ambos sostenían boletines en sus manos. Me detuve brevemente, mirándolos fijamente, pero estaban muy ocupados para notarme. Esperé algunos segundos y pregunté: "¿Me permiten un boletín?".

"Claro que sí", dijo uno de ellos, mientras me entregaba uno, y después dio un paso atrás, de modo que yo pudiera pasar. Tan pronto como pasé, los dos hombres reanudaron su conversación. ¡Tampoco me gustaría que ninguno de ellos sostuviera mi escalera!

¿Y qué hay de las personas que dirigen el tráfico en el estacionamiento? En cuanto el lugar se llena, ¿están atentos para ayudar a las personas a encontrar un espacio para sus vehículos? ¿Y qué podemos decir de la simpatía de los trabajadores de la guardería? ¿Y aquellos que cantan en la iglesia? ¿Les interesa servir o solamente hacer una presentación?

¿Y qué podemos decir sobre una oficina? ¿Está la recepcionista contestando con propósito los teléfonos, o los está contestando con indiferencia? Es decir, ¿la recepcionista hace sentir especial a cada persona que llama, o actúa como si la llamada fuera una intrusión de poca importancia en su tiempo?

¿Acaso la mayoría de nosotros no hemos entrado a una oficina y hemos esperado por varios minutos mientras que la recepcionista termina una llamada personal? Incluso me he encontrado con recepcionistas que me han ignorado cuando digo: "Discúlpeme". Algunas veces la persona detrás del escritorio, sin siquiera mirarme, dicen de forma cortante: "¡Deme un minuto!". En una ocasión, una mujer estaba limándose las uñas y me gritó: "¿¡No puede ver que estoy ocupada!?".

Cuando he hablado sobre tales situaciones en conferencias, una o dos personas de negocios se dirigen hacia mí y hacen referencia a estas cualidades negativas. Dicen algo como esto: "Eso tiene más sentido para mí que cualquier otra cosa". Ellos comprenden la importancia del enfoque intencional de cada persona en su organización.

3. *No queremos constructores de currículum.* ¿Quiénes son los constructores de currículum? Son aquellos que mientras están sosteniendo mi escalera, no me están dando toda su atención. Están mirando alrededor a otras cosas que harán después de que hayan terminado conmigo. Para ellos soy solamente un trabajo temporal hasta que el trabajo verdadero llegue. Hacen el trabajo a duras penas, pues esa no es realmente su área de interés. Están mirando alrededor buscando la luz más brillante, la escalera más reluciente o el edificio más alto. No están comprometidos con lo que están haciendo ahora, están pensando en lo que desean hacer en su próximo trabajo.

Quiero personas que fijen sus ojos en mí mientras sostienen mi escalera. Muy a menudo, especialmente en el comercio, los que se supone que sostienen la escalera lo hacen solamente para dar la impresión de que están trabajando. Lo están haciendo, pero no en la escalera. Se están posicionando a sí mismos para el próximo trabajo.

Esto significa que, como líderes, cuando seleccionamos a los que sostienen la escalera, necesitamos elegir a aquellos que están comprometidos con nosotros. Si vamos a estar a doce metros de altura, no queremos a alguien que se despida porque nos deja para ir a sostener una escalera más grande al final de la calle... cuando aún estamos arriba en el aire.

4. *No queremos personas descontentas.* Nunca he entendido por qué alguien continuaría asistiendo a la misma iglesia por treinta y ocho años y cada domingo saldría enojado. La mayoría de nosotros conocemos individuos como esos tanto en la iglesia como en los negocios. Están descontentos al llegar, y al salir se van enojados. Siempre están descontentos con algo que pasa dentro de la organización.

COMO LÍDERES, CUANDO SELECCIONAMOS A LOS QUE SOSTIENEN LA ESCALERA, NECESITAMOS ELEGIR A AQUELLOS QUE ESTÁN COMPROMETIDOS CON NOSOTROS.

Pensemos en una situación como esta: supongamos que Antonio va al restaurante ABC el viernes en la noche. Él le dice a Fernando, su compañero de trabajo, que la comida es pésima, el servicio es lento y los precios elevados.

"¡Qué terrible!", dice Fernando.

La semana siguiente Antonio dice: "Comí otra vez en el restaurante ABC el viernes en la noche. Todavía la comida es pésima, el servicio es lento y los precios elevados".

Cada semana Antonio se quejará del restaurante, pero no dejará de ir. ¿No será necesario que alguien le diga: "Ve a comer a otro lugar"? A menudo les he dicho a los gerentes: "Algunos de sus miembros podrían ser prósperos si estacionaran sus autos en otra compañía".

No aplicamos el mismo sentido común a los perpetuos gruñones de nuestras organizaciones. Han estado descontentos por cuarenta y tres años. Las probabilidades de que cambien serán muy pocas.

5. *No queremos personas que solo estén de acuerdo*. En algún momento de mi trayectoria como líder, me di cuenta de que había personas que estaban de acuerdo con todos mis planes e ideas. "Oh, sí, sí... como usted diga", decían algunas personas. "Le ayudaré en el plan de construcción del edificio. Estoy allí para ayudarle con una nueva y más enfocada área en la empresa, y lo apoyaré mientras usted levanta ese proyecto".

Entonces, como líder visionario, inicié esos proyectos. Comencé a subir la escalera, tranquilamente y libre de ansiedad. Después de todo, esa persona dijo que estaría allí para apoyarme. Subí cinco metros y miré hacia abajo. ¡No estaba allí! Comencé a moverme hacia arriba, tratando de mantener estables las cosas, y comprendí que cuanto más arriba subía, más ayuda necesitaba en la parte baja. No supe dónde estaba esa persona; pero si pudiera encontrarla, estoy seguro de que la conversación comenzaría con algo como esto:

"Usted prometió sostenerme la escalera".

"Sí, sí, por supuesto, lo ayudaré. Sé que usted está haciendo lo correcto".

3

CINCO CUALIDADES FUNDAMENTALES DE LOS SOSTENEDORES DE ESCALERA

Si estoy subiendo, quiero estar seguro de que mis ayudantes saben lo que estoy tratando de hacer cuando me encuentro solo en la parte de arriba con mis cubetas, mis cepillos y raspadores de pintura. Aquellos que están en el suelo, ¿entienden lo que estoy tratando de llevar a cabo? ¿Son conscientes de que no puedo pintar sobre la pintura agrietada porque primero debo quitar la pintura vieja? ¿O se ponen impacientes y gritan: "¡Solamente pon una capa de pintura fresca sobre esa cosa vieja!"?

También quiero aclarar esto: aquellos que están sujetando la escalera no tienen que estar de acuerdo con mis tácticas o métodos. Sin embargo, necesitan entender a dónde quiero ir, incluso si ellos hubieran tomado una ruta diferente. Tienen que creer en mi visión y estar de acuerdo con la ruta hacia donde voy.

Pero ¿y si no tienen la visión? ¿Qué tal si no tienen ni idea de hacia dónde voy? ¿Cuánto podré depender de ellos y de su compromiso con mi visión?

Por ejemplo, digamos que voy a una reunión de confraternidad de una compañía y hay cien personas allí. Espero fuera hasta que todo termine, tengo una grabadora en mi mano, y a cada persona que pasa le pregunto: "¿Cuál es la visión de esta compañía?".

¿Cuántas respuestas conseguiré? ¿Podría contar con que veinte personas de las cien me dieran la misma respuesta? No me refiero a una declaración memorizada o a algo tan simple como "nuestra visión es ser los mejores en tal actividad". Si no saben la visión, ¿cómo pueden estar en sintonía con la persona que la lidera? Pueden simpatizar y empatizar con el gerente general y menear la cabeza afirmativamente ante cada instrucción. Pueden gozar de un programa de incentivos y sentirse bien con las atenciones, pero eso todavía se mueve en el ámbito de los proyectos. Sin embargo, la pregunta determinante es *¿cuál es la visión?*

Ya que me planteé ese tema a mí mismo varias veces, comencé a hacerme una pregunta. *Si tuviera que encontrar a alguien que sostuviera mi escalera, ¿qué cualidades principales buscaría en esa persona?* ¿Qué deberían tener las personas para que yo las considere como sostenedores de escalera de primera clase, águila, número uno o lo mejor de lo mejor?

Se me ocurrieron cinco cualidades en las que insistiría. Hay otras cualidades que también me gustaría y esperaría ver, pero las siguientes son las esenciales para los que sostienen la escalera.

1. FORTALEZA

Tienen que ser fuertes. Con esto me refiero a que deben ser personas que puedan lidiar con la instrucción y la crítica, con las cuales pueda hablar claramente, y no tener que "caminar sobre cáscaras de huevo" y tener que acomodarles las cosas. Eso significa que si necesitan ser corregidas en ciertas áreas, puedan ser cambiadas sin que yo tenga que estar preocupado de cuánto voy a lastimar sus sentimientos.

No me refiero a ser insensible, grosero, arrogante o desagradable. Tomemos como ejemplo a la persona que maneja el sistema de sonido en una iglesia. Hubo un domingo en el que yo estaba dando un mensaje, y el sistema de sonido en ocasiones retumbó y me hizo estremecer.

En otros momentos, la amplificación era tan baja que las personas se esforzaban para escuchar lo que yo decía.

No deseo excusas ni largas explicaciones, y esto es más importante que si el ingeniero de sonido durmió bien la noche anterior. Esto se trata de estar al servicio de los demás, y hacerlo con excelencia. Necesito poder decir: "El sonido no estuvo bien", y después agregar: "Haz lo que tengas que hacer para que salga bien. Si quisieran, las personas no pueden usar sus manos cuando las tienen tapando sus oídos".

Yo espero que el ingeniero de sonido sepa cómo encargarse de esas cosas. Cuando hablo de esa forma, no estoy tratando de herir sentimientos; solo estoy haciendo mi trabajo administrativo.

Sin embargo, sabemos que algunas personas son tan frágiles, que muy pocas veces podemos corregirlos sin que se ofendan.

Ellos pueden decir: "Estoy haciendo lo mejor que puedo, usted lo sabe". "¿Por qué siempre se está fijando en mí? ¿Por qué no le agrado? ¿Por qué encuentra defectos en todo lo que hago?".

Necesitamos personas fuertes para sostener la escalera, aquellos lo suficientemente fuertes para aceptar la crítica y que deseen mejorar.

Para usar nuevamente la ilustración de la escalera, no puedo estar a dieciocho metros de altura y tener que gritar hacia abajo para remediar los errores que mi sostenedor está cometiendo. Necesito a alguien suficientemente fuerte para realizar la tarea correctamente y tener la seguridad de que puedo gritar y dar instrucciones y saber que la persona escuchará.

Otra forma en la que explico esto es al decir: "Cuanto mayor sea la necesidad, más corta la oración". Si me estuviera ahogando, yo no diría: "Oh Dios, el Padre Eterno de Abraham, Isaac y Jacob, el Todopoderoso, el que era, que es y que será, santificado sea tu nombre; siendo que me estoy ahogando, tírame una cuerda para así poder aferrarme, aunque siempre estoy a salvo en la vieja y cruenta cruz".

NECESITAMOS PERSONAS FUERTES PARA SOSTENER LA ESCALERA, AQUELLOS LO SUFICIENTEMENTE FUERTES PARA ACEPTAR LA CRÍTICA Y QUE DESEEN MEJORAR.

No. Yo solo gritaría: "¡Auxilio, Dios!".

No me voy a preocupar de si me dirigí a la Trinidad completa o solo a Jesús. ¡Estoy demasiado ocupado intentando permanecer vivo!

Cuando me encuentro arriba sobre una escalera de doce metros, la necesidad es más grande. No es una opción; debo tener personas sosteniendo la escalera, las cuales sean hábiles para captar instrucciones en dos o tres palabras y que puedan llevarlas a cabo rápidamente.

2. ATENCIÓN

Necesitan tener la capacidad de prestar atención, estar alertas a lo que estoy diciendo y asimilarlo rápidamente. No quiero darles las mismas lecciones repetidamente.

Si Santiago y Marta han estado en sus puestos por veintisiete años, ¿podemos suponer que deberían saber lo que deben hacer?

Los que limpian la oficina deberían saber dónde está cada tarro para la basura. Aquellos que convocan a las reuniones deberían saber que la convocatoria es con la debida anticipación, y a qué hora se espera que ellos inicien esa reunión sea presencial o en línea.

No tenemos que andar detrás de las personas atentas constantemente. Ellos entienden desde la primera vez.

3. FIDELIDAD

Aquí estoy hablando de tener fe en mí como su líder y estar comprometidos conmigo.

Al inicio de mi carrera aprendí que si mis sostenedores de escalera no son fieles a mí, y si no están comprometidos con la misma visión que yo, me abandonarán. Lo peor es que ellos no salen corriendo cuando explico lo que deseo; más bien afirman con la cabeza, sonríen y están de acuerdo, pero tan pronto me alejo unos metros de distancia, me abandonan.

Necesito personas que permanezcan en la escalera sin importar cuán difíciles se pongan las cosas. Mientras estoy arriba, los fieles me demuestran que puedo estar seguro de que ellos están abajo. No necesitan constantemente mis gritos: "¡Están haciendo un gran trabajo! ¡Son maravillosos!". Son constantes y sé que puedo confiar y contar con ellos.

4. FIRMEZA

Con esto quiero que no se dejen utilizar por personas manipuladoras, especialmente en mi contra o en contra de mi visión. En cada iglesia organización hay tipos manipuladores. Los terroristas de Al Qaeda no son nuevos; solo el nombre lo es. El terrorismo en la iglesia no es nada nuevo, por lo general está cubierto con el lenguaje eclesiástico; se oculta en las reglas, y lo hacen sonar espiritual y atractivo.

La meta final de los terroristas en las organizaciones es tomar el control y fomentar la destrucción. Eso suena duro, estoy seguro, pero eso es lo que persiguen.

Algunos pueden hablar en lenguaje seductor, por ejemplo: "Siento en mi corazón que las cosas deberían ser así"; pueden estar extremadamente autoengañados o simplemente son malintencionados. No importa lo que sea, ya que el final es lo mismo. Quieren destruir los planes y las operaciones actuales. Lo hacen de muchas formas, pero la que he notado más a menudo es la que llamo *manipulación seductora.*

Una ilustración puede ayudar; y es una de esas vergonzosas. Mi primer conocimiento serio de la manipulación seductora llegó cuando tenía veintiséis años de edad; y no fue necesariamente en el mundo de los negocios. Yo era pastor asistente de una iglesia en Oregón. Algunos de los líderes comenzaron a llamarme a un lado. Me adularon y me dijeron cuánto admiraban lo que yo hacía y cuánto apreciaban mi compromiso.

"Tú sabes, realmente cuando nos hablas lo disfrutamos. Cuando estás dirigiéndote a nosotros le sacamos provecho a cada palabra", decían, y me abrazaban. "Quisiéramos que predicaras cada domingo y cada martes".

Hasta ese momento nunca había pensado en tal cosa. Yo solo había llegado para ayudar al pastor principal.

"Tú nos alimentas cuando enseñas. Tienes poder y entiendes. El pastor no nos transmite nada. Sus mensajes están bien, solamente que no son relevantes para nuestras necesidades".

Esta clase de conversación no sucedió solo una vez, sino por varias semanas. Yo era joven, ingenuo y egocéntrico. Tontamente, les permití que me manipularan mediante sus constantes alardes al ego. En vez de ser el fiel sostenedor de escalera que debí haber sido, comencé a disfrutar de esas conversaciones. Al principio los escuchaba y les agradecía. Cuando me retiraba, me sentía realmente especial.

No pasó mucho tiempo antes de que participara en las conversaciones. "Tienen razón. Él no entiende las necesidades de las personas de hoy".

Todavía recuerdo una reunión donde había un punto particularmente importante en la agenda. Varios de los líderes que habían estado adulando mi ego, me habían convencido de que el plan que el pastor quería poner en acción era poco sensato. Él habló y explicó exactamente lo que quería que sucediera.

"¿Puedo decir algo?", pregunté. Cuando el pastor asintió con su cabeza, me puse de pie. Discrepé fuertemente con todo lo que él había dicho. Punto por punto, discutí en contra de lo que él quería hacer. Mis seductores manipuladores habían hecho un buen trabajo en mí.

Estaba equivocado. Pienso que lo supe treinta segundos después de que empecé a hablar. Sin embargo, no supe cómo retractarme y decir: «Lo siento». Mis palabras continuaron y vetamos algo a lo que el pastor estaba comprometido. Debí haber sido su principal sostenedor de escalera, y no solo hablé por hablar, me había puesto en su contra. No fui el firme ayudante que él merecía.

Sin embargo, el equilibrio llega de unas maneras muy curiosas. Al año siguiente, cuando fui pastor en Michigan, coseché el fruto de la mala semilla que había sembrado en Oregón. En ese entonces era el pastor principal, y el mismo tipo de manipuladores seductores avanzaron sobre mi territorio.

Mediante esa triste experiencia, aprendí tres lecciones importantes:

1. Si estamos en desacuerdo con nuestro líder, no lo manifestemos en público. Necesitamos discutirlo con esa persona en privado.
2. Si estamos en desacuerdo, deberíamos examinar nuestros motivos antes de hablar. Necesitamos estar seguros de que otros no nos predispongan. No hablarán por sí mismos, sino que encontrarán un alma confiable e ingenua que haga el trabajo por ellos.
3. Si estamos en desacuerdo, deberíamos asegurarnos de que no lo hacemos por ganancia personal. No lo entendí en ese entonces, pero esos manipuladores habían inculcado en mí un deseo de convertirme en el pastor principal. Debido a ellos, codicié una posición a la cual no estaba llamado.

A medida que he pensado con mucha vergüenza sobre mi comportamiento en Oregón, comprendí, demasiado tarde, que mi agenda no era estar en desacuerdo y desear expresar mi punto de vista. Mi agenda secreta fue que quise parecer más listo, más brillante, y mejor informado que el pastor principal. Esos seductores manipuladores estuvieron usándome, así como Satanás usó a Eva en el jardín del Edén. Y tal como Eva, fui muy ingenuo para comprender lo que estaba sucediendo, hasta que fue demasiado tarde.

5. LEALTAD

Esta es la característica final para un sostenedor de escalera. No significa que deben estar de acuerdo todo el tiempo. Lealtad no significa repetir "sí, sí, sí", sin importar lo que el visionario dice.

He formulado tres frases que explican lo que quiero decir:

1. Puedes estar en desacuerdo con tu cabeza, pero no con mi corazón.
2. Puedes estar en desacuerdo con el «cómo hago las cosas», pero no con el «por qué hago las cosas.»
3. Puedes estar en desacuerdo con mis métodos, pero no con mis motivaciones.

PASTOR O GERENTE

Te compartiré una experiencia que, sin lugar a dudas, nutrirá enormemente tu visión como líder. La primera vez que me desempeñé como presidente en el Instituto Bíblico Beulah Heights en 1989, no tenía experiencia en recursos humanos. Teníamos siete personas empleadas en ese tiempo: cuatro de ellas a medio tiempo y tres a tiempo completo (catorce años más tarde, teníamos más de noventa personas empleadas). Con el transcurso de los años he aprendido algunas lecciones sobre los sostenedores de escalera que pudieran ser de provecho para aquellos que contratan y despiden personas.

Casi cada semana en el año tengo conversaciones con pastores que tienen problemas con el personal remunerado. Tienen un trabajo difícil hoy día. Por un lado, son pastores, eso quiere decir que son los pastores que cuidan las ovejas. Por otro lado, son los gerentes y la congregación los hace responsables del buen funcionamiento administrativo de la iglesia.

La primera cosa que he aprendido es que aunque sean pastores y gerentes, no pueden ser ambas cosas al mismo tiempo.

Intento ayudarles a entender la diferencia entre las dos y cuándo dar prioridad a una y cuándo a la otra.

Puede ayudar si lo explico de esta manera. Digamos que soy el ministro principal en una iglesia. Para cada miembro del personal remunerado, primero soy el gerente, y en segundo lugar soy el pastor. Eso significa que primero debo realizar los asuntos administrativos con ellos. Cuando haya logrado eso, puedo funcionar como su pastor. Si invierto el orden, estoy en problemas y también lo está la organización.

Para cada miembro de la iglesia primeramente soy el pastor y en segundo lugar el gerente. Debo estar dispuesto a extenderles la mano a aquellos que necesitan ser nutridos, fortalecidos, animados, reprendidos y disciplinados. Cuando he desempeñado mis deberes pastorales, puedo funcionar como el gerente. Si me equivoco en esto, es regresar entonces al asunto de poner los proyectos antes que a las personas. Si veo a los miembros solamente como el medio para lograr lo que deseo hacer, entonces los manipularé, amenazaré, obligaré o adularé para cumplir mi propia agenda.

Cuando funciono como el gerente con los empleados remunerados, la primera lección que aprendemos es que contratamos a las personas por lo que saben; y los despedimos por quiénes son.

Podemos contratar al músico porque en cada pieza que interpreta puede hacer un concierto del sonido musical más sencillo. Lo despedimos porque tiene una mala actitud. Contratamos a un administrador porque es veloz en la computadora y comprende las hojas de cálculo, ganancias y pérdidas, reglamentos de gobierno, y conoce los programas más recientes; sin embargo, lo despedimos porque no se puede llevar bien con las personas.

¿Qué hacemos cuando es hora de incorporar a alguien en el personal? Mi sugerencia es que necesitamos pensar mucho en nuestras políticas. Obviamente, queremos personas competentes, pero cuando seleccionamos sostenedores de escalera, necesitamos pasar más tiempo con lo que ellos son que con lo que saben.

CONTRATAMOS A LAS PERSONAS POR LO QUE SABEN; Y LOS DESPEDIMOS POR QUIÉNES SON.

Puedo leer su currículum, hablar con personas con las que han trabajado y con las personas para las que han trabajado. Eso es importante. Pero también sé que los problemas en el trabajo generalmente se inician con asuntos de personalidad y no de capacidad. Una vez que estén empleados, me darán alegría o dolor. Con pocas excepciones, he despedido a las personas más bien por sus actitudes. Muy pocas veces he tenido que deshacerme de alguien por la falta de capacidad para realizar el trabajo.

Esto me conduce a la segunda lección que he aprendido: contrata lentamente y despide rápidamente.

Es mejor tener una vacante que una mala ayuda. Supongamos que el doctor te diagnostica cáncer, dice que la cirugía es la única opción, y pregunta: "¿Cuándo desearía programarla?".

Supongo que dirás: "Cuanto antes".

Cómo líder, una buena pregunta para hacerse es esta: ¿por qué tolero a personal incompetente? ¿Por qué permito que infecten al resto del personal con su mala actitud? Aquí está la forma en que me gusta decirlo: no apresures la decisión al emplear; no retrases la decisión al despedir.

La tercera lección que he aprendido es esta: el mejor momento para despedir a alguien es cuando por primera vez pasa por tu cabeza. Tendemos a confundir nuestros roles. En vez de pensar como gerente y en el beneficio de la organización, tendemos a cambiar a nuestro rol pastoral y a buscar formas de excusar o pasar por alto problemas lo suficientemente serios por los que deberíamos considerar el despido.

También he aprendido que si la situación es bastante seria como para despedir a las personas y no lo hacemos, después de eso comenzamos a buscar razones para que se queden.

Para cuando entendí esta tercera lección, observé un anuncio en la revista *USA Today* [1] por Randall Murphy, el fundador y presidente de la Corporación Acclivus. No sé mucho sobre Acclivus, salvo que sus clientes incluyen organizaciones importantes como Dunn and Bradstreet, Exxon, Mobile, Dell, FedEx, Dr. Pepper/Seven-Up y Roadway Express. El anuncio decía: "Cuando le asignan la tarea de conquistar la cima o el mercado, usted se interesa menos por quién está por usted y más por quién está con usted".

Aquellos que hacen compromisos están por nosotros; los que cumplen con sus compromisos están con nosotros. No tenemos que estar involucrados con esas personas mucho tiempo para darnos cuenta de que hay una gran brecha entre estos dos grupos.

Solo porque las personas dicen: "Estoy contigo", están verdaderamente comprometidos. El verdadero asunto es lo que sucede en sus vidas. ¿Hacen lo que prometen? ¿Siguen sus acciones fielmente a sus palabras?

TRES NIVELES DE SOSTENEDORES DE ESCALERA

Ya he mencionado las cinco cosas que tenemos que observar, y que nos describen quiénes son esos sostenedores de escalera. Desde ahí comencé a pensar acerca de lo que sucede con los sostenedores de escalera en las organizaciones donde las personas sirven voluntariamente. Especialmente en lugares como una iglesia.

Concluí que hay tres niveles de sostenedores de escalera.

En el primero hay *seguidores*. Esta palabra puede referirse a todos, a cada uno de los que trabajan con nosotros.

En el segundo están los *voluntarios*. Ellos sienten llamados a servir, me refiero a todos aquellos que tienen un corazón para servir a otros.

En el tercero están los *líderes*. Ellos trabajan a través de otros. No solo tienen un sentido de servicio; también tienen pasión. Los verdaderos líderes no tratan de engañarse a sí mismos pensando que ellos pueden hacerlo todo. Están dispuestos a delegar y a confiar en otros. Los voluntarios principalmente sirven por sí mismos; los líderes lo hacen a través de otros.

A lo largo de todos mis años sirviendo en la iglesia, me he dado cuenta de que se arruinan a muchos buenos voluntarios empujándolos al liderazgo. He aquí un ejemplo claro de lo que quiero decir: digamos que José tiene una pasión por servir y atender a las personas en las cárceles. También tiene dones porque él sabe conectar con los prisioneros. Ellos lo escuchan porque confían en él. Por su propia cuenta, y sin nadie siguiéndole, José va a la cárcel local cada viernes y sábado. Él hace eso sin ningún interés y con amor. Lleva consigo porciones de palabras de consuelo y enseña a los presos cómo leer, cómo relacionarse con Dios para vivir una vida en paz. Incluso se toma tiempo para aconsejar a cualquiera que se lo pida.

Después de dos años, José tiene un asombroso despliegue de resultados, y se puede ver a varias personas transformando su vida. Algunos de ellos se han incorporado a la iglesia. Todos reconocen el valor de las actividades de José.

Un día, el pastor de la iglesia dice: "Necesitamos comenzar un área donde podamos atender a las personas en las cárceles. José ya lo está haciendo, así que pongámoslo a cargo".

Uno de los líderes dice: "Es notorio y muy loable lo que hace José en las cárceles cada fin de semana".

Otro afirma: "Él nos envía regularmente correos electrónicos acerca de las personas que han transformado su vida".

"Él tiene pasión por eso", dice otro.

Todos están de acuerdo, y por unanimidad.

Esta decisión puede sonar como una buena idea, pero en los diez minutos que les tomó hacer el veredicto oficial, arruinaron a José y a sus actividades.

Hasta entonces, José había sido un excelente voluntario. Hizo una labor extraordinaria mientras fue el único que realizó el trabajo. Tenía un corazón sensible y las personas confiaban en él por instinto.

Sin embargo, su labor ya había sido arruinada, porque José se había movido de ser voluntario al liderazgo. Él ya no está enfocado en las personas. Está abrumado reclutando a otras personas. Constantemente está programando quién irá a qué cárcel y en qué momento. Debe pasar una gran cantidad de tiempo enseñando a aquellos que se han hecho voluntarios. Necesitan entender el comportamiento apropiado y lo que pueden y no pueden hacer por los presos. Él tiene que explicar, por ejemplo, que no pueden llevar o traer correspondencia para los prisioneros. No pueden aconsejar, especialmente ningún asesoramiento legal. Varias veces ha tenido que ir donde el comandante a disculparse por errores que los voluntarios cometen.

Después de cuatro meses, José se da cuenta de que tiene que organizar y dirigir a las personas. Su pasión comienza a secarse. La bien intencionada junta de la iglesia lo ha arruinado. Él está poniendo todo su empeño para sostenerles la escalera a otros y él necesita subir la suya propia.

Todo esto para decir que aun cuando alguien esté haciendo una actividad ejemplar como José, no significa que pueda funcionar bien como un buen sostenedor de escalera.

ENTRENAR SOSTENEDORES DE ESCALERA

Esto me lleva a enfatizar que los sostenedores de escalera necesitan ser entrenados. Muy pocos líderes han preparado y entrenado sostenedores de escalera. He tenido conversaciones con líderes por todo el país. He hecho notar las cualidades que ya he mencionado. Necesitan personas que sean fuertes, atentas, fieles, firmes y leales.

Entonces digo: "Nómbreme a sus sostenedores de escalera. No estoy preguntando por posiciones y títulos. Piense en esas cinco cualidades que le mencioné". Me detengo brevemente y después digo: "Dígame los nombres de los que le sostienen la escalera".

Sin importar cuántas veces haya hecho esto, la mayor cantidad de nombres que alguien ha podido mencionar ha sido cinco. El tamaño de la organización parece no importar, ya sea una de cien miembros o una con más de diez mil.

Cuando los líderes no pueden ir más allá de mencionar unos pocos nombres, eso me dice que la organización ha realizado un excelente trabajo aumentando seguidores, pero que ha sido pésima en cuanto al desarrollo del liderazgo.

Al principio de este libro mencioné que desarrollar a las personas toma tiempo, y el tiempo es algo que escasea en nuestras vidas tan ocupadas.

También les recuerdo a los líderes que sus asistentes no necesariamente tienen que ser sostenedores de escalera. Solamente porque alguien es un asistente o tiene un título impresionante, eso no le convierte en un sostenedor de escalera confiable.

Para hacer esto más claro, llevo a los líderes a pensar en situaciones cuando la organización está llena de problemas y les pregunto: "¿A quién acudirías por ayuda?". Ellos continúan mirándome fijamente confundidos.

Así las cosas, aquí te dejo una ilustración que suelo utilizar para aclarar aún mas lo que quiero decir.

"Digamos que estás abandonado en una isla. La batería de tu teléfono celular se está agotando. Decides que solo tienes la carga suficiente para hacer una llamada. También sabes que ningún miembro de tu familia está disponible".

Después hago una pausa y pregunto: "¿A quién llamarías?".

Ellos fácilmente eliminan a los que no llamarían; y algunos de ellos son prominentes en la organización. Finalmente se dan cuenta de que necesitan llamar a un verdadero sostenedor de escalera, a una persona que es fiel y que está personalmente comprometida con ellos. Esos son los individuos que harán lo que sea necesario para sacarlos de la isla.

Si estuvieras abandonado en esa isla, ¿quién es el sostenedor de escalera al que llamarías?

4

¿CÓMO RECLUTAMOS VOLUNTARIOS?

"¿Quién sostendrá mi escalera?". Esa es una forma común en la que buscamos ayuda. Miramos alrededor, le suplicamos a cualquiera que venga en nuestra ayuda, y le damos la bienvenida, sin importar sus capacidades. Puede que no lo expresemos de esa manera. En lugar de eso, anunciamos: "Necesitamos a dos nuevos voluntarios para este servicio a la comunidad. ¿Quién servirá por un año?".

¡Ese método funciona! Las personas se hacen voluntarias y obtenemos resultados. Solo hay un serio problema: es el enfoque incorrecto.

Mi consejo es simple. *Deja de pedir voluntarios.*

Explicaré la razón.

Cuando he pedido voluntarios para ciertas actividades, las personas que no podían realizar el trabajo levantaban siempre sus manos. Apreciaba sus ganas de servir, pero ellos simplemente no podían hacer lo que yo necesitaba realizar. Personas a las cuales se les había olvidado sonreír se ofrecían voluntariamente como aquellos que dan la bienvenida en los eventos. Personas que no podían enseñar se comprometían a encargarse de una clase.

También me di cuenta de otro problema. Dentro de un corto plazo, aquellos que se hacen voluntarios tan fácilmente están listos para dejar de serlo. Parecen oír un susurro divino diciendo "eres el indicado" cada vez que se pide ayuda. Después de algunas semanas, parece ser que también oyen el mismo susurro: "Tu trabajo aquí se acabó". No realizaron algo productivo, pero igual se marchan.

En primer lugar, no debieron haberse ofrecido como voluntarios.

El problema más grande ocurre cuando esos ayudantes no aptos, pero bien intencionados, se posicionan y luego tenemos que preguntarnos: "¿Cómo te desharás de ellos?".

Esa es la pregunta; y ese también es el problema. ¿Cómo "desvoluntariamos" a un voluntario? No hay muchas opciones de que alguien que se ofrece como voluntario a un coro, y que no puede cantar un Do por encima del Do central, llegue a aprender a hacerlo. La persona rezongona del equipo de limpieza quizás no quiera barrer gustosamente.

Supongamos que leemos el titular del periódico matutino que dice que la escuela pública local busca voluntarios para enseñar inglés, ciencias y matemáticas. ¿Quisiera que mis niños asistieran a una escuela donde todos los instructores son voluntarios?

El público no lo apoyaría. "Queremos a profesionales enseñándoles a nuestros niños", insistirían ellos.

¿Por qué, entonces, las iglesias equipan sus departamentos de educación cristiana y atención de niños con personal voluntario? ¿Acaso la lectura, escritura y aritmética son mucho más importantes que asuntos reales de la vida tales como la preparación espiritual o la integridad personal? Las iglesias continúan haciendo lo mismo por los últimos cien años: ponen avisos en el boletín y en la red que dicen: "Necesitamos maestros para el departamento de los niños".

Seguramente debe haber una mejor manera.

¡Y la hay!

Necesitamos ver a los voluntarios como personal sin sueldo.

He llegado a la conclusión de que las personas más calificadas están esperando para ser reclutadas. Ellos no se apresuran a apuntarse en la hoja colgada en el tablero de anuncios. No llaman al teléfono celular de quienes nos vemos en la necesidad de reclutarlos. Están ahí, disponibles y dispuestos a servir *si se lo piden*. Necesitamos aprender cómo reclutar voluntarios.

LA BIBLIA Y LOS VOLUNTARIOS

¿Alguna vez te has preguntado qué dice la Biblia sobre el voluntariado? Son unas historias más que interesantes:

Desde los tiempos del Antiguo Testamento, hasta Juan el Bautista, en el Nuevo Testamento, los seguidores generalmente eligieron a su líder. Las personas oirían a un gran profeta, harían lo que él les dijera y se convertirían en sus discípulos.

Sin embargo, algo cambió después de Juan el Bautista. El siguiente líder en la escena del mundo fue Jesús. Los seguidores no eligieron a Jesús; Jesús eligió a los seguidores. Me pregunto cuántas personas piensan en esto. Cada uno de los Evangelios nos cuenta cómo realizó Jesús su ministerio. Uno de sus primeros actos fue elegir a aquellos que Él quería que lo siguieran, y fue a quienes entrenó (ver Marcos 1:16-20 y Lucas 5:1-11).

A veces algunas personas se ofrecían a seguir a Jesús y Él no se lo permitía. Aquí tenemos dos ejemplos. *Yendo ellos, uno le dijo en el camino: Señor, te seguiré adondequiera que vayas. Y le dijo Jesús: Las zorras tienen guaridas, y las aves de los cielos nidos; mas el Hijo del Hombre no tiene dónde recostar la cabeza* (Lucas 9:57-58). Jesús dijo "no".

En otra ocasión, Jesús liberó de los demonios a un hombre, y luego el hombre sanado quiso ir con el Señor. Jesús le dijo que no (ver Marcos 5:18-19).

Jesús mantuvo una visión poderosa de su escalera que se extendía de la tierra al cielo. Él no quería simplemente a cualquier persona apoyándolo. De hecho, momentos antes de su traición, Jesús les dijo a sus discípulos: *No me elegisteis vosotros a mí, sino que yo os elegí a vosotros, y os he puesto para que vayáis y llevéis fruto, y vuestro fruto permanezca* (Juan 15:16a).

En ningún lugar en el ministerio de Jesús leemos que se levantó y dijo: "Necesito ayudantes para hacer el trabajo. Quiero que cincuenta personas me sigan". En lugar de eso, Jesús reclutó voluntarios que sostuvieran firme esa escalera sin importar cuán violentamente golpearan las fuerzas del mal.

En lugar de buscar personas que se ofrezcan voluntariamente, los líderes sabios siguen el ejemplo de Jesús, un auténtico líder, y buscan a los que tienen dones. Como presidente de un creciente instituto bíblico, sé que si queremos ser exitosos, debemos tener en todas las posiciones clave a personas provistas de dones. Sí, he cometido errores, pero también he tomado muchas buenas decisiones. Busco a aquellos que muestran ese "algo extra", llámalo un don o una cualidad única, pero hay individuos que tienen esa chispa especial que los pone aparte del resto. Esos son los que quiero desarrollar.

En el Nuevo Testamento, Pablo escribe varias veces sobre los dones espirituales. Aunque menciona nueve de ellos en 1 Corintios 12, él no ofrece el catálogo entero de capacidades. Obviamente, hay dones que no mencionó, pero el punto es el mismo. Si queremos lograr algo, confiamos en aquellos que son talentosos, dotados y que pueden realizarlo. No nos la pasamos sentados y esperanzados en que golpearán nuestras puertas. Como hizo Jesús, nos acercamos a ellos y les decimos: "Te necesitamos". "Tenemos un lugar para ti".

También es interesante que los que Jesús reclutó tenían que decidir si querían seguirlo, incluso después de que se les preguntara. En Lucas 9:59-62, Jesús le pidió a un hombre que lo siguiera. El hombre manifestó que tenía que ir a casa y enterrar a su padre. Jesús dijo: *Deja que los muertos entierren a sus muertos; y tú ve, y anuncia el reino de Dios* (v. 60).

Entonces también dijo otro: Te seguiré, Señor; pero déjame que me despida primero de los que están en mi casa. Y Jesús le dijo:

Ninguno que poniendo su mano en el arado mira hacia atrás, es apto para el reino de Dios (vv. 61-62).

También es interesante que Pablo exhorta a los tesalonicenses: *Os rogamos, hermanos, que reconozcáis a los que trabajan entre vosotros, y os presiden en el Señor, y os amonestan* (1 Tesalonicenses 5:12). La única vez que oigo a alguien citar ese versículo es durante servicios de ordenación. Eso encaja, por supuesto, pero tiene una aplicación mucho más amplia.

En el primer capítulo de este libro señalé tres formas de hacer el trabajo en una organización, y la tercera es desarrollar a otros: enseñarles a hacer lo que pueden hacer. También señalé que toma tiempo para que eso suceda. Significa trabajar con esos sostenedores de escalera e instruirlos en cómo hacer un trabajo excelente. Algunos pueden ser mejores sosteniendo escaleras cortas, y otros pueden ser idóneos para escaleras largas. Algunos pueden trabajar mejor solos y otros en grupos. El principio sigue siendo el mismo: los líderes necesitan desarrollar a otros.

Sé que en organizaciones grandes a los gerentes se les dificulta conocer a cada persona. Para el momento en que una compañía tiene diez mil miembros, es probable que el gerente general no conozca más que al 10 % de ellos. Simplemente quiere decir que ellos tienen muchas escaleras y muchos pintores, y que necesitan una mayor fuerza de soporte detrás de esos pintores.

Los líderes verdaderos desarrollan a sus propios seguidores. Hablaré más acerca de eso en el siguiente capítulo. Los líderes sabios integran a las personas al reconocer sus dones y al ponerlos en el rol correcto. Ellos conocen a la gente y pueden tener archivos de quién puede realizar determinada función.

En el caso de una iglesia que trabaja con jóvenes, cuando se necesita acompañantes para ir con un grupo de jóvenes a un día de campo, si somos listos, no preguntamos: "¿Quién va a ayudar?". Simplemente porque son padres no quiere decir que serían los acompañantes apropiados.

LOS LÍDERES SABIOS INTEGRAN A LAS PERSONAS AL RECONOCER SUS DONES Y AL PONERLOS EN EL ROL CORRECTO.

Puede haber quienes no tienen tiempo o inclinación para trabajar con el departamento de jóvenes cada semana. Pero si conocemos sus capacidades y los invitamos dos o tres veces al año cuando tenemos eventos especiales, probablemente dirán: "Sí, puedo ayudar".

Encontrar quién es talentoso no es una tarea imposible; con buenos programas informáticos fáciles de conseguir, cuando ingresamos información podemos hacer un inventario incluso de dones y de pasiones.

Cuando un nuevo miembro dice "me encanta organizar proyectos a corto plazo", es importante que lo pongamos en un archivo. Esa persona puede organizar y hacer que los procesos se lleven a cabo sin problemas. Esa es la misma persona que probablemente no estuvo disponible para las tareas que se realizan cada semana a lo largo del año.

He aquí un ejemplo. Compartí en una conferencia de liderazgo en Boston, en *New Covenant Christian Church,* donde el obispo Gilbert Thompson, un visionario, es el pastor principal. El obispo Thompson se sentó en la fila del frente con una computadora portátil abierta, tomando notas tan rápido como podía. No quería perderse ninguna información importante. Recuerdo ver la sonrisa en su rostro cuando hablé acerca de no preguntar por voluntarios.

Meses más tarde, el asistente del obispo Thompson dijo que ese factor importante "ha revolucionado nuestro ministerio. Ya no preguntamos por voluntarios; los reclutamos".

¿Será algo extraño que un lugar como ese tenga erigidas docenas de escaleras de alto nivel?

ASUNTOS IMPORTANTES, RECLUTAMIENTO IMPORTANTE

Piensa en voluntarios de esta forma. Tú eres un líder. Estás a solo un metro del suelo, pero estás subiendo los peldaños. Mientras que miras hacia arriba, sabes que eres capaz de alcanzar una altura por lo menos de dieciocho metros.

Mientras comienzas a ascender ¿vas a gritar "¡alguien, cualquier persona, venga y sostenga esta escalera!"? Probablemente no. Si eres un líder sabio, debes haber escogido (o reclutado) a alguien en quien confías. Quieres llegar tan alto como tu escalera te lo permita y no preocuparte de si la persona en la parte de abajo va a perder el interés o a marcharse.

Cuando estamos entrenando sostenedores de escalera, esos aprendices necesitan instrucciones claras. Las personas no captan indirectas, y la mejor forma de entender esto es al pensar en las reuniones programadas.

Como líderes, podemos darle los datos a cada uno personalmente, hacer llamadas telefónicas, enviar correos electrónicos o anunciarlo desde otros medios. No importa lo que hagamos o cuán a menudo enviemos la información, las personas continuarán enviando mensajes y preguntando: "¿A qué hora era esa reunión? ¿Era a las nueve o nueve y media? ¿Era el lunes o el martes?".

Sin embargo, cuando estamos desarrollando sostenedores de escalera, los entrenamos de la manera apropiada. Una buena forma de ver esto es a través del libro de los Proverbios. A pesar de que la mayoría de la instrucción se lee como un padre que le da consejos a un hijo, los estudiosos han visto esto de una forma diferente. El consejo y la instrucción están diseñados para eruditos en entrenamiento. Los instructores los miraban como estudiantes o hijos. Esas son instrucciones sobre crecimiento personal y liderazgo.

Hay un proverbio muy conocido para aquellos que manejan medianamente la Biblia, Proverbios 22:6, que dice: *Instruye al niño en su camino, y aun cuando fuere viejo no se apartará de él.* Si aplicamos esto (y pienso que esta es la forma correcta) a estudiantes o a eruditos que reciben instrucción, quiere decir que si nosotros que somos líderes entrenamos nuevas personas apropiadamente (es decir, cuando lo hacemos bien y lo hacemos desde el principio) producirá la clase correcta de resultados. También significa que más adelante no tendremos que tomar muchas acciones correctivas. Si un árbol comienza a crecer derecho, no tendremos que pasar mucho tiempo tratando de enderezarlo.

Cuando estamos hablando de sostenedores de escalera, sabemos que deben ser entrenados y desarrollados correctamente.

ANTES DE SUBIR ESCALERAS

Joseph Campbell dijo una vez que una de las grandes tragedias en la vida es subir a la cima de la escalera solo para descubrir que nuestra escalera se está apoyando contra la pared equivocada. Dijo que mucha gente toma lo que él denominó "el camino prudente en la vida", pero pierden el gozo. Dijo que esas personas nunca descubren su dicha.

¿Cómo evitamos ese problema? ¿Cómo nos ayudamos a nosotros mismos y a otros a descubrir la dicha?

Antes de comenzar a subir, tenemos que hacer tres cosas:

1. *Necesitamos decidir a dónde queremos ir.* En primer lugar, necesitamos estar seguros de nuestra razón para estar sobre la escalera. ¿Qué herramientas necesitamos para hacer el trabajo por el cual estamos subiendo la escalera? ¿Qué herramientas necesitaremos cuando lleguemos a la cima? Una cosa que aprendí cuando pinté durante mis días de estudiante, fue que era muy fatigante y agotador subir y bajar esa escalera. Tenía que cerciorarme de que tuviera todo listo antes de empezar a subir.

2. *Necesitamos ser claros con respecto a nuestra visión.* Debemos poder decirles a nuestros sostenedores de escalera la razón por la cual estamos allá arriba y por qué están trabajando tan duro. Si lográramos llegar muy alto y la escalera se sacude, debemos estar seguros del porqué estamos allí. Cuando pasamos por esos tiempos de turbulencia —y a todos nos pasa— debemos tener claridad respecto a nuestra razón de estar a tanta distancia del suelo.

También necesitamos aclarárselo a aquellos que nos apoyan, de modo que sepan por qué están haciendo su trabajo.

Los líderes hacen dos preguntas. Mencioné esto en mi libro *La iglesia del mañana,*[2] pero pienso que es importante decirlo otra vez aquí.

Los líderes preguntan *qué y por qué*; los seguidores preguntan *cómo y cuándo*. Cada líder eficaz necesita entender esto.

Los líderes deben primero definir el qué: lo que quieren realizar. Una vez que tienen esa respuesta, necesitan ser claros en el porqué: ¿Por qué estamos haciendo esto?

En mi libro *La iglesia del mañana,*[3] di esta ilustración. En el Instituto Bíblico Beulah Heights quisimos iniciar un programa de estudios para los estudiantes que no tenían el inglés como su primer idioma. Ese era un *qué*: el programa de estudios.

¿Por qué queremos hacer eso? Contestamos: porque la misión de la institución, incluso en sus comienzos, fue abordar a los grupos no alcanzados. *¿Por qué?* Cada vez hay un gran incremento de personas para las cuales el inglés es un segundo idioma y necesitamos alcanzarlos. *¿Por qué?* Porque representan otro mercado. *¿Por qué?* Porque el lugar de las misiones ha cambiado. Hay más misioneros de otros países nacidos en América el día de hoy que los que hay de América en otros países. *¿Por qué?* Porque no tienen que conseguir visas y tienen puentes naturales construidos, ya tienen credibilidad y poseen el lenguaje.

3. *Necesitamos preguntarnos: ¿qué estamos haciendo para prepararnos como mejores comunicadores?*

Durante las vacaciones de verano cuando fui estudiante en el Instituto Bíblico Beulah Heights, me ganaba la vida como pintor. Siempre he dicho que lo hice para pagar mis cuentas, no porque era mi idea de un alto llamado.

Recuerdo muchas veces que me cansaba al subir y bajar. Los primeros días se me olvidaba una herramienta o caía en cuenta de que necesitaba algo más y que tenía que regresar abajo y tomarlo. Eso no solo era fastidioso, era poco eficiente.

A causa de que aprendí esa lección absolutamente bien, la enseño de esta manera en las conferencias. A menudo pregunto si hay alguien en la audiencia que haya trabajado pintando profesionalmente. Generalmente dos o tres personas levantan sus manos, así que les pido que se acerquen.

"Supongan que voy a pintar la segunda planta de una casa", les digo. "Allá muy arriba, la pintura se está pelando, y está en malas condiciones. Me estoy alistando para subir a una escalera de doce metros. No quiero subir y bajar repetidamente, así que díganme lo que necesito poner en mi cinturón de herramientas antes de subir".

"Necesitará un raspador y el cepillo de acero", dirá alguno.

"Necesita la lija y un martillo".

Uno de ellos mencionará martillo porque siempre hay clavos que sobresalen. Alguien mencionará una pistola de calafateo.

"Necesitará pintura y una brocha, y por lo menos un trapo para limpiar las manchas que haga", dirá uno de ellos.

Sonrío porque lo saben exactamente bien.

Esto también aplica, y muy bien, a una tarea muy delicada como ser maestro de escuela dominical en una iglesia. Por eso, cuando doy una conferencia en una iglesia, suelo gestionar esta dinámica:

"Si usted está subiendo una escalera de doce metros como maestro de la escuela dominical, sin duda usted desea ser un excelente maestro. ¿Qué herramientas necesita poner en su cinturón?".

Entonces pregunto: "¿Hay alguien aquí que es maestro de escuela dominical? Vengan, por favor". Después de que vienen (y siempre son muchos) les pregunto: "¿Es usted un buen maestro de escuela dominical?".

Además de sonrisas y algunas risitas nerviosas, contestan: "Sí".

"¿Puede ser un mejor maestro de escuela dominical?".

La respuesta siempre es: "¡Sí!".

"«¿Qué es todo lo que tiene que hacer para ser un mejor maestro de escuela dominical?". Entonces espero que respondan.

Comienzan siempre con "necesito orar más y leer más la Biblia".

Todos asienten con su cabeza y les digo: "Sí, eso está bien, pero ¿qué más necesitan hacer?". Antes de que respondan los maestros, las personas de la audiencia gritan: "Leer más libros". Les pido nombrar algunos libros y lo hacen. Entonces comienzan a agregar algunas lecturas especializadas que, sin duda, nutrirán su conocimiento.

Podríamos hacer las mismas preguntas para cualquier posición en una organización. En lo que quiero que piensen es en esto: *¿Qué debo hacer si voy a ser un mejor y más eficaz comunicador?*

También les recuerdo a los líderes que siempre que nos paremos delante de un público, necesitamos recordarnos a nosotros mismos que tenemos cinco generaciones frente a nosotros. ¿Cuán eficaz soy en alcanzarlos? Para ser más eficaces, ¿qué estamos poniendo en nuestra caja de herramientas en cuanto a habilidades en la comunicación, el contar historias, movimientos, gestos de las manos, lenguaje corporal y vocabulario? ¿Qué estamos leyendo que nos ponga en contacto con la generación actual?

También es importante que nos acordemos de que cada persona no es un líder. No todos somos llamados al liderazgo. Aun cuando sabemos eso, algunos de nosotros en posiciones de liderazgo podemos estar intentando llevar a cabo trabajos para los cuales no somos idóneos.

Quizás necesitamos ser gerentes.

ASUNTO DE LIDERAZGO	MADUROS	BUILDERS Edificadores	BOOMERS Posguerra	BUSTERS (Generación X)	MILENIALES Emergentes	CENTENNIALS (Generación Z)
Era de nacimiento	Antes de 1928	1929-1945	1946-1964	1965-1983	1984-1994	1995-2009
Paradigma en la vida	Destino manifestado	Agradece que tienes trabajo	Me debes	Se relaciona conmigo	Toma lo que desees	La vida es corta
Actitud hacia la autoridad	Respeto	Tolerante	Reemplazo	La ignora	La eligen	La cuestionan
Desempeño en las relaciones	A largo plazo	Significativas, útiles	Limitado, afectuoso	Central	Global	Global
Sistema de valores	Tradicional	Conservador	Basado en sí mismo	Cambiante	Buscándolos	Continúan en la búsqueda
Rol en la profesión	Leal, responsable	Medio de vida	Enfoque central	Irritante	Cambiando siempre	Siempre cambiando
Agenda	¿Qué hay para hacer?	Calmada	Frenética	Sin objetivos	Volátil	Depende del momento
Tecnología	¿Qué es eso?	Espero sobrevivirla	¡Domínala!	¡Disfrútala!	¡Empléala!	¡Nací con ella!
Visión del futuro	Incierta	Busca estabilidad	¡Créala!	Sin esperanza	Poco optimismo	¿?

5

¿ESTAMOS ADMINISTRANDO ESCALERAS?

¿Eres un líder? ¿O tienes dones para ser un administrador? Es importante darse cuenta de lo que somos y a dónde pertenecemos.

Los líderes saben a dónde quieren llegar. Ellos señalan hacia un punto tan alto, que aquellos que están a su lado no siempre lo ven.

Los administradores saben exactamente dónde ubicar la escalera para el mayor beneficio. Puede que no vean ese punto especial que los líderes ven, pero pueden lograr hacer que todo funcione, de modo que los líderes puedan ascender sin tener que mirar atrás y sin tener que preocuparse por si tienen un soporte sólido.

En primer lugar, deseo poner en claro que los líderes no son superiores, ni tampoco lo son los administradores. Uno no es más importante que el otro; sin embargo, son diferentes. El siguiente cuadro hace la distinción entre líderes y administradores. Necesitamos administradores de la misma forma que necesitamos líderes.

No importa cuán grandes y visionarios sean los líderes; a menos que tengan administradores en su equipo, no irán muy lejos.

Líderes	Administradores
Enfatizan el qué y el porqué.	Enfatizan el cómo y el cuándo.
Trabajan desde el futuro hacia el presente.	Trabajan desde el pasado hacia el presente.
Se enfocan a largo plazo.	Se enfocan a corto plazo o en lo inmediato.
Abarcan una perspectiva macro.	Abarcan una perspectiva micro.
Están a favor del modo de pensar innovador.	Están a favor del modo de pensar rutinario/seguro.
Buscan balancear el idealismo con el realismo.	Enfatizan el pragmatismo sobre el idealismo.
Muestran dotes revolucionarias.	Protegen el statu quo.
Explican la visión, inspiran y motivan.	Implementan la visión.
Emocionan a otros a través del cambio.	Son amenazados por los cambios.
Deciden rápidamente.	Deciden lentamente.

Líderes	Administradores
Identifican las oportunidades.	Identifican los obstáculos.
Asumen riesgos.	Evitan los riesgos.
Buscan recursos.	Limitan sus acciones a los recursos disponibles.
Se centran en las personas.	Se centran en los sistemas.
Se centran en las ideas.	Se centran en los planes.
Se centran en los asuntos principales.	Se distraen por los asuntos periféricos.
Quieren la aprobación de otros.	Necesitan la aprobación de otros.
Hacen lo correcto.	Hacen las cosas bien.

OBSERVACIONES SOBRE LÍDERES Y ADMINISTRADORES

- Los líderes y los administradores se complementan.
- Ambos necesitan trabajar en el área de sus fortalezas.
- Los administradores exitosos no siempre son líderes exitosos; los líderes exitosos no necesariamente son administradores exitosos.
- Necesitamos evaluar de forma diferente el éxito de los administradores y el éxito de los líderes.
- Consideramos exitosos a los administradores cuando manejan la organización eficientemente, como también cuando entregan el trabajo a tiempo y dentro del presupuesto.

- Consideramos exitosos a los líderes cuando hacen posible que su organización crezca en su capacidad de servir a la comunidad al descubrir nuevas necesidades, ampliando la base de recursos e innovando formas de entregar el trabajo, y cuando vigorizan o transforman la organización.

En segundo lugar, necesitamos reconocer lo que somos, porque si somos líderes en posiciones de administradores estamos frustrados y somos ineficaces. Constantemente veremos formas mejores de hacer las cosas o perderemos la paciencia con aquellos que trabajan de forma metódica y detallada. Igualmente es cierto que si somos administradores en posiciones de liderazgo, estamos matando nuestra organización. Estamos ocupados viendo que las cosas funcionen apropiadamente, que todas las luces estén apagadas en la noche y que no paguemos demás a nuestros acreedores. Si es ahí donde estamos, no tenemos tiempo, energía o capacidad para soñar acerca del futuro.

Si somos administradores, nos enorgullecemos de ser prácticos.

Por el contrario, si somos líderes, nos enorgullecemos de ser imaginativos y visionarios.

En tercer lugar, si somos supervisores encargados de personas, queremos comprender la clase de sostenedores de escalera que necesitamos. Algunas veces una situación requiere de otro líder, y otras veces de un administrador. Si somos líderes, aprenderemos a reconocer los talentos de cada individuo.

En vez de entrar más en detalle sobre esto, y si deseas saber más, consulta mi libro *La iglesia del mañana*.

He aquí una interesante diferencia entre líderes y administradores. Los líderes se enfocan en el futuro. Saben lo que quieren lograr. Pueden ver cinco años hacia el futuro. Para conceptualizar esto, ellos trabajan desde el futuro hacia el presente para demostrar a otros cómo llegar al cumplimiento de su visión.

Los administradores simplemente no ven la vida de esa forma. Ellos conceptualizan la vida desde el pasado hasta llegar al presente. Saben cómo solían funcionar las cosas. Ahora construyen sobre el pasado para trabajar eficientemente en el presente. No tienen ninguna pauta que los introduzca al futuro.

LOS LÍDERES SE ENFOCAN EN EL FUTURO. SABEN LO QUE QUIEREN LOGRAR. PUEDEN VER CINCO AÑOS HACIA EL FUTURO.

Veamos cómo funciona esto en un nivel práctico. Digamos que decidimos tener un banquete para honrar los diez años de servicio de nuestro gerente general.

Si eres un administrador talentoso, te preguntarás: "¿Cómo han hecho esto antes? ¿Qué hicieron en su quinto aniversario?". O probablemente el administrador irá a los archivos de la compañía para enterarse de cómo hicieron con el gerente anterior que estuvo casi treinta años. Los administradores prontamente sabrán la época y qué actividades se realizaron. Sabrán quién habló, dónde se llevó a cabo el banquete, cuánto costó, e incluso tienen una copia del menú. Los administradores conocen el pasado, así que pueden darle unos retoques para hacerlo fluir con el presente.

Si le damos la misma tarea a un líder, esa persona empezará en un lugar diferente. "¡Olvida lo que se hizo hace cinco años, este es el presente! ¿Cuál es el propósito de este evento? ¿Qué queremos lograr? ¿Cuál es el resultado que deseamos de este banquete?".

Los líderes también preguntarán: "¿Es esta la mejor época para hacer esto? ¿A quiénes necesitamos llamar para que nos ayuden a realizar esto?".

Una vez que hayan establecido dónde desean estar al final del banquete, trabajan hacia atrás.

He aquí otra forma de entender a los líderes. Los líderes adoptan una perspectiva macro o del cuadro completo; los administradores adoptan una perspectiva micro o parcial. Para los administradores es difícil ver cualquier cosa que no esté en su escritorio. Se enfocan en límites, tareas específicas; y por eso son buenos administradores.

Si cambiamos a los administradores al rol de los líderes, todo se atasca. Si intentamos convertir a los líderes en administradores, no podrán quitar sus ojos del cielo lo suficiente para saber cómo fortalecer la escalera o situar a todas las personas que necesitan.

Los líderes necesitan entender (especialmente aquellos en el nivel gerencial) que uno de los mayores desafíos que continuarán enfrentando es el pintar el cuadro completo.

También saben que aun cuando otros miren hacia adelante, no siempre captan lo que el líder ve. Otros pueden decir: "Bueno, hay una casa en la pradera. Sí, qué bueno". El líder quiere que capten el resto de la pintura que también incluye montañas en el fondo y riachuelos en el primer plano. Los líderes querrán que las personas vean el cúmulo de nubes que se pasean a través del paisaje, pero los espectadores ven solamente el destello de los rayos del sol sobre la corriente apacible del riachuelo.

Los líderes entienden eso. De hecho, con la ayuda de los administradores forman grupos de observadores del riachuelo y de espectadores de la casa. Ellos mismos, sin embargo, continúan contemplando en su totalidad el cuadro que han pintado.

Los líderes acogen el pensamiento innovador; están llenos de nuevas ideas. Constantemente empujan los límites, deseosos de intentar nuevos programas o prever oportunidades emocionantes.

Los administradores acogen el pensamiento rutinario. Desean saber exactamente qué se espera de ellos, y lo harán fielmente. Preguntan: "¿Quieres que te sostenga la parte izquierda de esta enorme escalera?". "¡Más te vale! Nadie la sostendría tan firmemente como yo".

Los administradores no tienen muchas ideas originales. Los líderes tienen un estilo revolucionario y constantemente están dándoles giros a las cosas. Los administradores protegen el *statu quo* y lo conservan. El cambio es difícil para los administradores. Si has puesto a alguien en un departamento donde deseas que haya cambios y progreso y pones allí a un administrador, no puedes esperar que esas cosas sucedan porque ellos mantendrán el estatus, tal vez más eficientemente, pero no transformarán su entorno.

Como ya lo he señalado, para los líderes el énfasis está en el *qué* y el *porqué*; para los administradores el énfasis está en el *cómo* y *cuándo*. Alguien lo ha dicho esta manera: aquellos que saben el *cómo* siempre trabajarán para aquellos que conocen el *porqué*.

Los líderes inspiran, y son rápidos para desafiar a las personas a intentar cosas nuevas. Los administradores controlan; dirigen la atención y las actividades. Si pudiéramos ver esto como el plan de Dios para el crecimiento de la Iglesia y que Dios necesita ambas clases de personas, eso podría traer mucha armonía en la forma en que ponemos y protegemos nuestras escaleras.

PARA LOS LÍDERES EL ÉNFASIS ESTÁ EN EL *QUÉ* Y EL *PORQUÉ*; PARA LOS ADMINISTRADORES EL ÉNFASIS ESTÁ EN EL *CÓMO* Y *CUÁNDO*.

Necesitamos a ambos. A menudo pienso que cuando hablamos de liderazgo, hacemos parecer menos significativos a los administradores. Uno de los mejores propósitos que veo en los administradores es que a veces ellos son los que mantienen los pies del pintor firmemente sobre la escalera. Algunos visionarios están tan embebidos en su visión, que piensan que pueden caminar en el aire o saltar de edificio en edificio. Los administradores les recuerdan sus limitaciones humanas.

Los administradores también guardan la tradición; y no toda la tradición es mala. Muchas veces la tradición es el esquema, la base sólida que nunca podemos abandonar si deseamos mantener nuestros pies sobre roca sólida. Solamente tenemos que pensar en líderes que han alcanzado alturas espléndidas y después han caído al piso; o colgaron inútilmente hasta que alguien los ha rescatado y les ha permitido comenzar de nuevo.

A nivel personal, soy de esa clase de visionarios, pero Dios me ha equipado con algunos administradores. Me recuerdan que estoy parado en la tierra cuando quiero volar al espacio exterior. También soy lo suficientemente inteligente como para escucharlos. A veces, también he tenido que impulsarlos. En varias ocasiones tuvieron sus reservas, pero confiaron en mí y en mi visión.

Un ejemplo bastante ilustrativo lo podemos ver al poner en funcionamiento esto en una iglesia. Digamos que el Dr. Holmes, el pastor-gerente, tiene una poderosa visión de levantar un gran edificio. Eso es inspirador, pero a menos de que tenga las cosas bajo control, constantemente estará pasándose del presupuesto y del tiempo. El Dr. Holmes empezó con el templo que le costó unos dos millones de dólares, pero su visión se siguió agrandando. Continúa cambiando, buscando formas más eficaces de alcanzar a un mayor número de personas, de entrenar más eficientemente, y de guiar más almas atribuladas al reino de Dios. Su visión final es un complejo de nueve pisos que costará ochenta millones de dólares. Todo estará en caos a menos que un buen administrador aporte estabilidad y control.

También es cierto que el cambio entusiasma a los líderes y asusta a los administradores. En una empresa como esa necesitamos a los dos. El temor sano es un aliado.

He aquí un hecho importante para recordar siempre que hablemos de modificaciones o de ajustes: el que propone esos cambios no es la misma persona que está escuchando los planes. Si ponemos a ambos en una página, tendríamos una línea divisoria y ellos estarían en dos columnas diferentes.

Si dibujamos una línea en la mitad de la página, la columna del lado izquierdo sería lo que llamo la columna de ganancias; la columna de la derecha es lo que llamo la columna de pérdidas. Cuando el pastor Holmes habla a las personas y les dice sobre los cambios, está hablando de la columna de ganancias. Él enfatiza las cosas buenas que saldrán de sus ideas y proyectos. Él no les dirá sobre las posibilidades de fallos ni creará dudas en sus mentes.

Sin embargo, supongamos que una madre soltera, Sandra Pérez, está escuchando. Ella solo puede pensar en las pérdidas. La calidez y cercanía de los miembros se irá. Ella solía concertar citas para hablar con Holmes, pero no le será posible hacerlo de nuevo. Él dice que tendrán un consejero de tiempo completo, pero Sandra Pérez quiere a Holmes.

Detrás de ella se sienta el antiguo líder Marco Núñez. Él ha sido miembro de esa iglesia por cincuenta y un años. Fue bautizado allí a la edad de dieciséis. Lágrimas llenan sus ojos al caer en cuenta de que la vieja pila bautismal desaparecerá. Él y su esposa se casaron allí y el funeral de ella tuvo lugar en ese edificio. Ahora todo eso desaparecerá.

El administrador de negocios del Dr. Holmes, Pedro Garza, actualmente tiene una oficina esquinera, pero él sabe de acuerdo con los planos del nuevo edificio, que ahora estará encajonado en una oficina con dos ventanas que dan hacia otro edificio. También sabe que su nueva oficina medirá dos metros cuadrados menos que su oficina anterior. No está entusiasmado respecto a los cambios. Él puede ver solamente las pérdidas.

Cuando hablamos acerca del crecimiento de la iglesia, estamos hablando de ganancias, pero mientras la iglesia crece, los que están activamente involucrados pueden fácilmente ver eso como una pérdida. Su influencia, poder y control son socavados. Llegarán individuos con grandiosos talentos, mayor motivación y más destreza. Los líderes necesitan entender esto cuando desean hacer las cosas de forma diferente. Ellos mismos se entusiasman por el cambio, pero los administradores se sienten amenazados. Los líderes se mueven rápidamente; los administradores se mueven lentamente.

He aquí otra forma de ver esto. Los líderes identifican oportunidades; los administradores identifican obstáculos. Así que en una reunión de negocios, el Dr. Holmes habla entusiasmadamente del nuevo edificio y de cómo pueden ser de mayor beneficio para la comunidad, y de la influencia que pueden tener en la vida de las personas.

"Pero ¿qué hay de los permisos del edificio?", pregunta Pedro Garza. "¿Han pensado en la propiedad que vamos a tener que comprar en este vecindario? ¿Qué sucede si no podemos completar nuestro presupuesto el próximo mes? Recuerden, apenas pudimos pagar nuestras cuentas dos meses atrás".

Los líderes toman riesgos; los administradores evitan los riesgos.

Como líder, he aprendido dos cosas sobre esto.

1. El mayor riesgo es negarse a tomar un riesgo. Nada sucede sin tomar riesgos.
2. Si esperamos hasta estar cien por ciento seguros, ya es demasiado tarde.

Como dijo una vez una persona sabia respecto al béisbol: "No puedes robar segunda base y continuar con tu pie en primera base".

Para que el crecimiento se dé, alguien debe tomar un riesgo. Un líder procura adquirir recursos, pero los recursos disponibles limitan a los administradores. Esto significa que si soy un líder y no tengo el dinero, puedo encontrar una forma para obtenerlo. Si soy un administrador diré: "No tenemos el dinero en el banco". Los líderes ven los cofres vacíos y saben que los pueden llenar; los administradores ven solamente que los cofres están vacíos.

PARA QUE EL CRECIMIENTO SE DÉ, ALGUIEN DEBE TOMAR UN RIESGO.

TOMAR DECISIONES

Quiero mostrar cómo la mayoría de las organizaciones toman decisiones. Esto se hace normalmente en una reunión de la junta. Algún gerente tiene una excelente idea de cómo pueden crecer e incluso aumentar su influencia en la comunidad. Presenta sus ideas, y después hace una pausa y pregunta al tesorero o secretario de finanzas: "¿Tenemos el dinero?".

He aprendido que los tesoreros han sido entrenados para mover sus cabezas en un solo sentido, y es para decir que no. Usualmente esa es la sentencia de muerte para seguir hacia adelante.

Este escenario tan frecuente significa que los visionarios han permitido a los de vista corta tomar decisiones sobre el futuro. Lanzan el poder de veto a las manos del *statu quo* antes de que la idea haya sido completamente discutida.

En contraste, vi esto funcionando perfectamente poco después de ser presidente del Instituto Bíblico Beulah Heights.

Comencé a realizar cambios en la forma en que tomábamos decisiones porque el instituto estaba enfrentando serias dificultades. Teníamos inscritos ochenta y siete estudiantes, el instituto no estaba acreditado y nuestro personal era poco, con exceso de trabajo, y mal pagado.

Tuvimos que tomar algunos riesgos y pensar de forma diferente. Propuse una regla simple. Tenemos cuatro preguntas que necesitamos hacernos antes de tomar nuestras decisiones, y las cuatro deben estar en el orden correcto. Como presidente, podía hacer cumplir eso; y lo hice.

1. *¿Tiene esto que ver con nuestra visión, misión y valores fundamentales?* Otra forma de hacer la pregunta es esta: ¿es algo que debemos hacer? No se supone que cada instituto bíblico, iglesia u organización debe hacerlo todo. De hecho, cuantas menos cosas

haga una organización, mejor le irá, porque se pueden enfocar y hacerlas todas ellas correctamente.

Por ejemplo, ¿es un ministerio de ayuda a los necesitados una excelente oportunidad para que una iglesia exprese la compasión? Sí, lo es.

¿Es parte del ministerio de nuestra iglesia? Quizás no.

¿Alcanzar a los refugiados de Somalia es algo bueno que hacer? Absolutamente; pero puede que no sea parte del ministerio que Dios nos ha dado.

Las tutorías de refuerzo después de la jornada escolar y el programa para completar la secundaria, ¿son buenos programas para que una iglesia se involucre? Sí; pero tales programas educativos puede que no sean para nosotros.

Sin embargo, podemos proveer recursos para aquellos quienes tienen eso como su pasión y desafío.

Lo que debemos hacer como iglesia, instituto bíblico o grupo paraeclesiástico es contestar esta pregunta: ¿esto llegará a ser parte de nuestra visión y misión? ¿Fluye con nuestros valores fundamentales? ¿Estamos considerando esto solamente porque es un buen programa que está teniendo éxito en otro lugar?

2. *¿Tenemos el corazón para lograr que esto se lleve a cabo?* Después de que todas las discusiones terminen, se va a requerir el corazón, el celo, el compromiso para lograrlo. Otra manera de expresarlo para el área de los negocios es: ¿tenemos la capacidad organizativa para hacer esto una realidad?

3. *¿Cómo honraremos a Dios con lo que hacemos?* No es "si Dios será honrado", porque podemos decir sí a casi todas las oportunidades que se nos presenten. Somos cristianos y detectamos necesidades o percibimos oportunidades. Entonces nuestra pregunta es: ¿cómo? Queremos estar en la capacidad de decir que si llevamos a cabo esa conferencia, hay tres maneras en que Dios será honrado. Contestamos la pregunta diciendo: "He aquí tres maneras en que honraremos a Dios si expandimos nuestro currículo".

4. *¿Cuánto costará?* No discutimos el dinero hasta que hemos contestado a las primeras tres preguntas. Nadie puede mencionar el factor costo a menos que tengamos respuestas positivas a las tres primeras.

Parte de la regla que adoptamos fue que no nos hacemos la pregunta: "¿Tenemos el dinero?". Si hemos contestado las tres primeras preguntas y todavía creemos que esto es para nosotros, entonces seguimos adelante. Parte de ese avance es imaginarse lo que costará.

Como presidente de un instituto bíblico, me tocó acuñar una frase que se la he recordado varias veces al personal: «La salvación es gratis, pero el ministerio es costoso». Una vez que sepamos todas esas respuestas, podemos comenzar a pedirle a Dios que nos muestre cómo obtener el dinero para hacer el ministerio. Esto es distinto a si comenzáramos con la pregunta "¿tenemos o no los fondos?". En muchas iglesias, y desde luego en Beulah Heights, si hubiésemos formulado esa pregunta en primera instancia, a estas alturas probablemente nuestras puertas habrían estado cerradas. Desde el año 2003 somos el instituto bíblico en

América, predominantemente afroamericano, de más rápido crecimiento. Creo que se debe a que estamos haciendo las preguntas correctas, en el orden correcto.

He aquí otra diferencia: los líderes están dispuestos a decir: "Consigamos recursos". Los administradores detienen la discusión con: «... pero no tenemos los recursos".

He aquí otras diferencias: los líderes están enfocados en las personas y los administradores en los sistemas. Para los administradores es importante tener manuales con políticas y procedimientos. Los líderes odian las políticas y los manuales de procedimientos... ¡y a los administradores les encantan! Por eso asistimos a una conferencia en la iglesia y los administradores citan mejor los reglamentos que la Biblia. A ellos les fascinan los sistemas.

De hecho, los administradores sienten que si pueden observar un diagrama organizacional y mover los recuadros de un lugar a otro, pueden transformar la organización. Nosotros podemos mover los recuadros todo el día sin resultados efectivos. Los diagramas organizacionales no contribuyen al éxito de la corporación, las personas sí.

Es como la pregunta: "¿Quieres el cáncer en tu hombro derecho o en el izquierdo?". Podemos mover a un individuo ineficaz (cuyo mal desempeño actúa como un cáncer) de un departamento a otro. Las personas en la nueva división preguntan: "¿Qué hicimos para merecer esto?".

He aquí otra forma de ver esto: los líderes se enfocan en las ideas, los administradores en los planes. Esa es una gran diferencia, porque los líderes dicen: "Esto es lo que me gustaría hacer".

Los administradores responden: "Necesito un plan antes de que pueda hacer esto".

Ahí es cuando la batalla entre ambos llega a ser inevitable. Si salen triunfantes, es porque los administradores listos han captado las buenas ideas y han dicho: "Está bien, aquí está el plan de cómo podemos lograr esto". Los mejores sostenedores de escalera son excelentes administradores. Una vez que idean un plan, pueden hacer que se logre.

Los líderes pueden hablar el lenguaje de los líderes y el lenguaje de los administradores. Los administradores solo pueden hablar el lenguaje de los administradores. Eso hace que los líderes sean responsables de construir un puente, atravesarlo, y estrechar la mano de los administradores.

Finalmente, para los líderes, la aprobación de las personas es un *deseo*; para los administradores, la aprobación es una *necesidad*.

LOS LÍDERES PUEDEN HABLAR EL LENGUAJE DE LOS LÍDERES Y EL LENGUAJE DE LOS ADMINISTRADORES. LOS ADMINISTRADORES SOLO PUEDEN HABLAR EL LENGUAJE DE LOS ADMINISTRADORES.

Si le estuviera hablando a un grupo, en este momento le diría: "Como líder, quiero su aprobación". Los que dicen que no les importa lo que las personas piensan están mintiendo. De hecho, las personas que andan por ahí diciendo: "No me importa lo que las personas dicen", probablemente es a quienes más les importa, o ellos no pensarían en las opiniones de otros. Sin embargo, como líder, también sé que no necesito la buena opinión de alguien para poder funcionar.

"Me gustaría que me aprobaras". Realmente no digo esas palabras, pero la aprobación es algo que me gustaría tener. Cuando comparto en una conferencia o en un banquete, mi deseo es hacer un buen trabajo, y quiero que a las personas les guste lo que digo y que estén de acuerdo con mi mensaje. Pero sigue siendo un deseo.

Casi en toda situación, al proponer planes para el crecimiento, no a todos les gustará mi mensaje; algunos pocos pueden estar en rotundo desacuerdo. Si las personas no están de acuerdo o lo desaprueban, eso me preocupará. Pero de cualquier manera la desaprobación de otros no me detendría de seguir adelante con mis ideas. La desaprobación de algunos no me impediría mañana hablarle a otro grupo sobre el mismo tema. Sí, quiero la aprobación, pero no la necesito.

La necesidad de aprobación de los administradores significa que ellos deben ser reconocidos por los líderes. Entender y mantener llenos los tanques de los administradores pone una carga en los líderes. Pueden hacerlo a través de simples afirmaciones. Pueden enviar correos electrónicos, decir unas simples palabras como "bien hecho", o enviar una nota de agradecimiento. Ellos pueden asomar sus cabezas dentro de la oficina de los administradores y decirles: "Ayer estuvo genial el coro. Gracias por tu arduo trabajo". Los administradores constantemente necesitan ser apreciados, valorados y afirmados.

Cuando fui pastor, tuve que ser mi propio motivador y mi propio motor de arranque. De hecho, tuve que comenzar frente a toda clase de pronósticos y llenar mi tanque en formas diferentes a la de tener personas acercándose a mí para afirmarme. Los administradores solo pueden arrancar si alguien más les llena el tanque.

A los líderes, las ideas, los conceptos, las visiones, los sueños y el iniciar cosas nuevas les llenan su tanque, les pone una sonrisa en sus rostros y los emociona. Para los administradores, la realización, la afirmación y el ánimo son los más grandes motivadores. Ellos siempre están trabajando para alguien más y tienen la necesidad de sentirse importantes porque la importancia nunca se va.

Soy el presidente del Instituto Bíblico Beulah Heights y cada miembro del personal es mi sostenedor de escalera. Mantengo mi tanque lleno por todo el país: "Estás haciendo un gran trabajo". Generalmente las personas no llaman a mi decano y le dicen que el instituto está haciendo un trabajo excepcional. Ellos me dicen esas palabras a mí. No llaman a mi director de finanzas y le dicen: "Terminaste en positivo, estás haciendo un gran trabajo, balanceaste el presupuesto". No, esas cosas me las dicen a mí.

Los líderes son los responsables de llenar los tanques de los administradores, pero los administradores no llenan los tanques de los líderes. De hecho, los líderes se meten en problemas cuando esperan que otros les llenen sus tanques.

¿No hemos escuchado todos: "la cima es muy solitaria"? Hemos oído esas palabras, pero yo no creo eso. La cima no es solitaria. Si los que están en la cima están solos, es porque no llevaron a nadie a la cima con ellos. No tiene que ser solitario, pues allá hay otras escaleras; justamente al lado de ellos. Los que están en la cima de sus escaleras están haciendo lo que los hace felices. Pueden disfrutarse mutuamente.

Finalmente, los administradores obtienen lo mejor proveniente de ellos mismos; los líderes lo obtienen de otros. Los líderes, por su naturaleza, constantemente dirigen y al mismo tiempo inspiran a otros. Son los animadores y hacen posible que otros digan: "¡Sí! ¡Sí!¡Yo puedo hacer eso!".

> En la revista *Catalizador* de abril de 2003, Ben Dyer escribió una columna que comienza con un artículo con estas palabras: "Si no fuera por las personas, esto sería un negocio fácil".[4] Después citó a John Imlay, un prominente inversionista que dirigió la compañía de programas de computación Mandrin Sciences of America. Imlay dijo: "Las personas son la clave".[5]
>
> De esto trata este libro: las personas son la clave.
>
> El posible nuevo dueño de Atlanta Thrashers y de Atlanta Hawks, David McDavid, ofreció una entrevista a *The Atlanta Journal-Constitution* el 2 de mayo de 2003, que se convirtió en un artículo en titulares para la sección de deportes. Él habló sobre criarse alrededor

de caballos y agregó: "A propósito, eso no es diferente a los equipos deportivos. Si quieres ganar, debes tener el personal".[6] En el mismo artículo, McDavid dijo: "Pero como propietario... pienso que mi trabajo sería encontrar el mejor administrador general disponible... Si tratara de tomar esas decisiones yo mismo, no necesitaría un administrador general. Pero el asunto es que no soy competente para hacerlo". Un hombre de ese calibre se da cuenta de que su primer trabajo es contratar el mejor administrador general y no intentar hacerlo él mismo.

6

¿PODEMOS CONVERTIR EN ESCALADORES A QUIENES SOSTIENEN LA ESCALERA?

"¿En dónde comenzaste tu ascenso?".

Es la pregunta que me gustaría hacerle a cada líder. Me gustaría saber si ellos divisaron una escalera, corrieron a ella y escalaron hasta la cima. ¿Habrán esperado hasta que alguien les hiciera señas y les dijera: "Sube"?

Al mirar mi propia experiencia y al considerar la trayectoria ascendente de otros, supongo que la mayoría comenzaron abajo. Es decir, sus carreras iniciaron después de que aprendieron a sostener con seguridad la escalera para que alguien más subiera sin complicaciones.

Hicieron más que solo sostener la escalera. Observaron, aprendieron, vieron las técnicas usadas, y entendieron a dónde se dirigía la persona que iba ascendiendo. El día llegó cuando las mismas personas que sostuvieron escaleras iniciaron su propio ascenso.

Ese tampoco es el final de la historia. Para mí no es suficiente estar en la cima de la escalera del Instituto Bíblico Beulah Heights. Tengo otra responsabilidad. Debo enseñar y habilitar a otros para que pasen del rol de ayudantes al rol de escaladores. ¿No sería una vergüenza si dejamos para siempre, en la misma posición, a los que sostienen la escalera y que nunca hicieran nada más?

He sido bendecido con habilidad para el liderazgo. Si hubiera seguido abajo y hubiese sostenido la escalera de todos, ¿habría sido ese el mejor uso de mis talentos dados divinamente?

Por supuesto que no.

Aquellos que estamos en posiciones de liderazgo recordemos —o espero que lo hagamos— el lugar en donde comenzamos. Una vez fui el portero, el que hacía los desayunos y lavaba los platos en Beulah Heights. Sostuve escaleras para que otros pudieran tener éxito.

Cada líder eficaz inició sus actividades en alguna parte. Posiblemente desde antes ya poseían los dones que eventualmente los impulsaron hacia arriba de la escalera, pero la mayoría de ellos no comenzaron allí. El plan para ellos ya estaba listo, pero se inició en una posición humilde.

Este inicio sencillo de un liderazgo se relata también de una manera muy interesante en la Biblia. Eliseo, por ejemplo, es un hombre del cual se registra el doble de los milagros que realizó su mentor llamado Elías. Pero ¿dónde comenzó Eliseo? Él sostuvo la escalera del gran Elías y continuó fielmente hasta que su turno llegó.

Jesús llamó a doce discípulos. Él planeó grandes cosas para cada uno de ellos. Desde el principio Él supo que un día subiría la escalera que lo llevaría directo al cielo. Él no dejó la escalera sola, sino que eligió a aquellos con potencial para convertirse en expertos escaladores de escalera. Y ahora nos encontramos aquí porque sus discípulos comenzaron como sus ayudantes, hasta que llegó el tiempo para que ellos subieran. Son los discípulos los que continuaron el trabajo después de que Jesús ascendió.

Por ejemplo, yo nací en la India. Parte de la razón por la cual hoy me encuentro en los Estados Unidos e involucrado también en temas de fe es debido a la fidelidad de uno de los doce: el apóstol Tomás. Como parte de su tarea de ir a todo el mundo, llevó el evangelio a mi país y fielmente eligió a otros para sostenerle su escalera hasta que llegó su tiempo de dejar esta vida. Tomás condujo a otros, los cuales transmitieron el mensaje a través de los siglos. Soy uno de los beneficiarios modernos de la fidelidad de Tomás.

Todo esto es para decir que necesitamos planear las cosas de modo que convirtamos a los sostenedores de escalera en escaladores de ella. De otra manera, esto se convertirá en un club de autoservicio. Recluto a una persona para que me sostenga la escalera y le digo: "Ahora quédate ahí. Tú no eres digno de seguir mis pasos". ¿No es mejor decir: "Aquí es donde te encuentras hoy, pero no te quedarás"? Incluso puedo añadir: "Un día subirás tu propia escalera y reclutarás a los que te apoyarán, al tiempo que captarán las primeras lecciones de cómo subir".

La necesidad de entrenar parece obvia, pero quiero mencionar tres cosas que necesitamos hacer para asegurarnos de que estamos tendiendo la mano a los demás, y a la vez sujetamos las de otros para ayudarles a dar los primeros pasos.

PASOS PARA CONVERTIR SOSTENEDORES DE ESCALERA EN ESCALADORES DE ESCALERA

El primer paso es lo que yo llamo la formación espiritual de un líder. En esta formación espiritual tratamos asuntos de seguridad, encontrar nuestro propósito y destino. A la edad de cuarenta y cuatro años, finalmente descubrí quién era yo y lo que fui llamado a hacer.

Descubrí que mi motivación primaria es ayudar a otros a tener éxito. De hecho, tengo esa declaración escrita en la página de inicio de mi sitio en Internet (www.samchand.com) exactamente con esas palabras: *La visión de mi vida es ayudar a otros a tener éxito.*

Mientras reflexionaba en esa declaración, me di cuenta de que me fascinaba desarrollar liderazgo y que eso alimenta mi pasión. Eso me trajo un nivel más profundo de satisfacción. Tan claramente como percibí quién soy, igual de claro percibí quién no soy y lo que no deseo hacer. Soy alguien motivado por la oportunidad de desarrollar líderes.

DESCUBRÍ QUE MI MOTIVACIÓN PRIMARIA ES AYUDAR A OTROS A TENER ÉXITO.

Mientras he lidiado con el desarrollo del liderazgo, me ha pasado que hablamos mucho sobre experiencias cerca de la muerte. Estoy convencido de que la mayoría de las personas tienen lo que yo denomino "experiencias cercanas a la vida". Estas personas se acercan a estar completamente vivas, pero nunca descubren quiénes son realmente. Nunca trabajan apasionadamente en lo que son buenos para hacer. No subiremos los peldaños de la escalera hasta que descubramos quiénes somos.

Queremos ayudar a las personas a desarrollar lo que son. Queremos que puedan responder a estas preguntas:

- ¿Qué es lo que me apasiona?
- ¿Cuáles son mis dones y talentos?
- ¿A qué clase de trabajo me está llamando Dios?
- ¿Qué me frustra?
- ¿Qué me hace llorar?
- ¿Qué me trae alegría?

Si podemos sintonizarnos con estas cosas y estos conceptos existenciales en la vida, obtendremos los mejores resultados y pondremos a las personas en los lugares apropiados.

Mi segundo paso es la *formación de habilidades*. Fui tremendamente desafiado cuando leí el libro *Las cuatro obsesiones de un ejecutivo* escrito por Patrick Lencioni. Escrito como una parábola, Lencioni cuenta la historia acerca de dos empresas que prosperaron. Una de ellas creció y las personas eran felices y saludables. La segunda tuvo éxito tomando atajos. Aunque aparentemente exitosa, las personas en la segunda empresa nunca fueron tan felices como lo fueron las de la primera empresa. En la empresa más feliz y saludable, las personas sabían quiénes eran y lo que estaban haciendo. Entendieron la esencia de su empresa.

Ese libro me desafió tanto, que fui a mi trabajo para descubrir la esencia del Instituto Bíblico Beulah Heights. Me tomó tiempo y esfuerzo, pero hallé la respuesta. Al hacerlo, también aprendí cómo mantener conscientes a las personas acerca de nuestros cinco valores fundamentales.

Si hoy día cualquier persona camina por nuestras instalaciones, verá carteles exhibidos con estos cinco conceptos: en cada oficina, en cada salón, en cada pasillo y aun en cada uno de los baños. Tenemos un cartel de cinco colores llamado "La esencia del Instituto Bíblico Beulah Heights". En ese cartel mencionamos nuestra visión, nuestra misión, nuestros valores fundamentales, y nuestro lema.

No soy tan ingenuo como para pensar que solo poniendo carteles se hace el trabajo. Los utilizo como recordatorios constantes. Quiero utilizar cualquier método que pueda para promover la esencia de Beulah Heights y para inculcar nuestros valores a nuestras propias almas. Hago esto basado en un principio simple: *lo que hacemos debe brotar de quien somos.*

Por el contrario, en la mayoría de las iglesias entrenamos, pero no desarrollamos.

El entrenamiento conlleva un enfoque específico, limitado; el desarrollo requiere un enfoque amplio.

- El entrenamiento está centrado en las asignaciones; el desarrollo está centrado en las personas.
- El entrenamiento tiene que ver con un trabajo específico como el de un asistente de Recursos Humanos; en cambio el desarrollo involucra a la persona completa.

Después de saber quiénes somos, lo que hacemos siempre será un proyecto. Por ejemplo, en el año 2003 teníamos veintisiete países representados en nuestro instituto, así que promovimos un día internacional. Hicimos del acontecimiento un gran evento. Las personas lucieron sus trajes típicos, presentaron su música, hablaron sus propios idiomas y nos permitieron degustar su comida.

Cuando me dirigí a los presentes les dije: "Lo de este día no es un programa. Hoy no es un día de un programa internacional. Esto es quien somos".

Quise afirmarlos, celebrar nuestras diferencias, y hacer posible que todos trabajáramos juntos. Estos son dos de nuestros cinco valores fundamentales. Las misiones globales son un valor fundamental, la diversidad es un valor fundamental. Eso es quienes somos. Por lo tanto, no es un programa, es lo que somos. A menudo en las iglesias no llevamos a las personas más allá de las labores para realmente desarrollarlas espiritualmente, y por eso las personas vienen y van, pero no echan raíces.

El libro de Rick Warren, *Una iglesia con propósito*, me ayudó a comprender cómo funciona esto. Él usó el concepto del béisbol.

La primera base es la salvación, donde comienza la *formación espiritual*. Aquí, el enfoque está en la disciplina espiritual y en desarrollarnos como individuos.

La segunda base sería lo que llamo la *formación de habilidades*. Aquí es donde cambiamos y comenzamos a enfocarnos en otros. Somos entrenados para hacer el ministerio a través de nuestra iglesia local.

La tercera base es la *formación estratégica*. Aquí el enfoque es extender el reino de Dios en la tierra y el desarrollo del liderazgo. Esto se refiere a atender a la iglesia en general. Podemos ser miembros de una iglesia, pero también tener un corazón para ayudar al desamparado. Nuestra iglesia no tiene un ministerio para las personas necesitadas, pero seguimos siendo miembros y nos involucramos en un ministerio paraeclesiástico en favor de los necesitados.

Eso es lo que sucede cuando no estamos limitados a atender a las personas exclusivamente dentro de las cuatro paredes de nuestro edificio. Estamos desarrollando nuestra visión y enfocándonos en el alcance mundial.

Para continuar con la analogía del béisbol, algunas veces podemos alcanzar la tercera base, pero no ganamos los juegos permaneciendo allí. Tenemos que llegar hasta el plato del lanzador. En ese momento es cuando desarrollamos a otros líderes. Para los trepadores de escalera, llevar a alguien al plato del lanzador es cuando convertimos a nuestros sostenedores de escalera en escaladores de escalera.

DESAPRENDER Y APRENDER

En el desarrollo de habilidades de liderazgo, he aprendido que es más difícil desaprender que aprender.

Mi experiencia en el golf puede ayudar a explicar esto. Hace años, cuando vivía en Oregón, un amigo dijo: "Juguemos golf".

"Sí, hagámoslo". Nunca antes había jugado golf, pero mi amigo era bastante bueno en el juego. Disfruté su compañía y me imaginé que no había demasiado que aprender para jugar golf.

Unos días antes de que jugáramos, me detuve en una venta de artículos de segunda mano y compré un viejo equipo de palos de golf y me fui al campo. Me sentía muy confiado porque tenía todo lo que necesitaba. Con mi estilo beisbolero sobre mi palo de golf, comencé a golpear la bola. Después de un periodo de varios meses, me convertí en un buen jugador aficionado.

Cuando me trasladé a Atlanta, unos amigos me invitaron a jugar golf. Estuve de acuerdo, pero después de algunos juegos me di cuenta de que estaba llevando al límite mi amistad. Yo era un torpe jugador de golf y ellos eran golfistas.

Un día, un amigo meneó la cabeza después de que intenté seis veces conseguir que mi bola llegara alrededor de 30 metros más allá. "¿Cómo es que sostienes tu palo de golf?", preguntó.

Le mostré. Sostenía mi palo de golf como si fuera un bate de béisbol. Él me mostró cómo necesitaba cambiar mi forma de agarrarlo, entrelazando mis dedos. "Oh, eso se ve fácil", dije.

Sí, parecía fácil, pero no pude lograrlo. Sin importar lo duro que trabajé para tratar de desaprender la vieja forma de agarrarlo, simplemente no pude dejarla. Había estado teniendo mis dedos en esa posición por muchos años. Han sido ya más de diez años desde que intenté desaprender lo aprendido sobre cómo sostener un palo de golf. Nunca he intentado jugar golf de nuevo. Simplemente no pude desaprender lo aprendido.

He aquí otra forma por medio de la cual me di cuenta del problema de desaprender. Mientras fui pastor en Michigan, di un mensaje sobre obedecer al llamado de Dios en nuestras vidas. Once personas pasaron al llamado al altar. Entre ellos estaban nuestro organista, el pianista, el bajista y el baterista. Dos semanas después, todos ellos dejaron la iglesia para entrar al Instituto Bíblico Beulah Heights.

Eso me dejó sin músicos. Decidí que aprendería a tocar el piano. Tengo buen oído y ya he aprendido a tocar varias canciones en Do, Fa y Sol. Años atrás había aprendido a tocar en lo que yo llamaba el estilo *honky-tonk* o *country*. Logré hacer el trabajo como músico de la iglesia, pero no era bueno, y no sabía cómo convertirme en un "verdadero" músico.

Incluso hoy día todavía toco el estilo *honky-tonk* y puedo tocar casi cualquier canción que las personas quieran cantar, desde entonces he aprendido unas cuantas técnicas, pero mi estilo todavía es un estilo *country* con muchos acordes. Si un buen profesor de música intentara mostrarme cómo hacer escalas (y lo han intentado), cómo utilizar todo el teclado, o cómo ampliar mi alcance, tendría que desaprender mi patrón de digitación. He estado tocando el estilo *country* por mucho tiempo como para desaprenderlo.

Los líderes de una compañía pueden evitarse mucho sufrimiento si piensan cuidadosamente en las personas que se unen a ellos después de haber sido miembros por mucho tiempo de otra compañía. Puede ser un gran desafío para ellos desaprender la forma como se hacían las cosas en su anterior trabajo y aprender cómo se hacen en la nueva.

Por formación estratégica, hacemos referencia a los planes para desarrollar a otros sostenedores de escalera.

En el caso de las iglesias, me pregunto cómo sería si visitara una nueva iglesia el próximo domingo. Digamos que entré, escuché un gran mensaje, y levanté mi mano cuando el pastor hizo una invitación para acercarse. Caminé por el pasillo y alguien me condujo a un salón en la parte de atrás, oró conmigo y me enseñó cómo entregar mi vida a Dios.

"¿Qué sigue después?", preguntaría.

"Esta iglesia tiene una clase para todos los nuevos".

Eso es bueno. O quizás es una clase para nuevos miembros. Eso es bueno. Paso cuatro o diez semanas aprendiendo. Eso es bueno.

"¿Qué sucede después de eso?".

"Solo échate a nadar. Hazlo lo mejor que puedas".

Realmente nadie diría esas palabras, pero ese es el mensaje implícito que probablemente recibiría.

Entonces, ¿qué sucede después?

La mayoría de los líderes de la iglesia no lo saben. Eso no es bueno.

Podría ser bueno si cambiáramos la manera en que fue hecho. Después de que alguien me llevó al salón de atrás y me ayudó a comprender los primeros pasos de fe, entonces la persona me dice: "Sam, durante las próximas semanas vamos a darnos a nosotros mismos en pro de tu desarrollo espiritual".

Puede ser que no tenga claro lo que eso significa, pero me doy cuenta de que estoy siendo entrenado como individuo. Los maestros y consejeros me llevarán desde la primera base a la segunda (formación de habilidades), y permaneceré allí hasta que esté listo para trasladarme a la tercera base.

"Vamos a trasladarte a la formación estratégica (tercera base)", dice el pastor principal meses después de mi conversión. "Nuestro propósito no es que seas un buen miembro de la iglesia. Nuestro propósito es que un día hagas lo que yo estoy haciendo ahora. No tiene que ser necesariamente pastorear una iglesia, pero estarás desarrollando a otros líderes. Reconocemos tus talentos para el liderazgo y queremos ayudarte a desarrollarlos". ¿Cuántas congregaciones funcionan de esa forma? No muchas.

Estoy sugiriendo que nos esforcemos por un sistema completo que transforme en escaladores de escalera a los que sostienen la escalera. Necesitamos darles poder y autorización para que suban. He aprendido que el mejor uso del poder es conferirlo. Lo damos cuando invertimos en otros.

Esto no es para todos. No todos son líderes. Siempre existirán personas a quienes les encanta sostener escaleras y que no tienen el deseo de escalar alturas. Está bien, si esa es su elección.

HE APRENDIDO QUE EL MEJOR USO DEL PODER ES CONFERIRLO.

La mayoría de los líderes de mi generación (la generación *boomer*) son *líderes accidentales*. Tropezamos y caímos en el liderazgo. No recuerdo que alguien me hubiera dicho nunca: "Sam, veo un cierto potencial en ti".

Algunas personas me enviaron señales, pero nadie me dijo: "Me gustaría caminar este tramo contigo. No tienes que llamarme mentor. Este es mi número telefónico. Llámame cuando quieras. De hecho, si no te molesta, ¿puedo estar pendiente de ti y ver cómo te está yendo?".

Desearía que alguien hubiera hecho eso; al igual que muchos otros líderes accidentales lo quisieran. He comprobado esto muchas veces en conferencias y reuniones. A comienzos de 2003 le pregunté a un grupo de 300 pastores en Cincinnati: "¿Cuántos de ustedes han tenido a alguien que intencionalmente les haya ayudado a desarrollarse? ¿Alguien que les puso bajo sus alas?".

Un hombre levantó su mano. *Solo uno.*

Aquí está el desafío. Solamente podemos dar lo que tenemos. No podemos dar lo que no poseemos, porque la mayoría de nosotros enseñamos de la forma en que fuimos enseñados. ¿Vamos a infligir el mismo liderazgo accidental sobre la próxima generación? ¿O vamos a tener un plan?

La nueva generación que ya está llenando nuestras iglesias quiere saber hacia dónde vamos. En el pasado pudimos haber estado felices yendo a la iglesia el domingo en la mañana, al servicio de mitad de semana y participando en el coro. No así con esta generación. Ellos desean saber si hay más.

Esto también es igualmente cierto en el mundo de los negocios. Esas mismas personas se unen a la organización en el nivel inicial, pero la mayoría de ellas no desean permanecer allí. Si son águilas, quieren volar. Si son escaladores de escalera, no querrán permanecer en el suelo. Tan pronto toquen el techo, en cualquier nivel, y se den cuenta de que la escalera sobre la que están no irá más alto, se irán. Irán a corporaciones con techos más altos.

El *éxito de ventas* de Jim Collins, *Good To Great* [Empresas que sobresalen], me ayudó a entender esto. Él utilizó la idea de tener a las personas adecuadas a bordo del bus y bajar a las personas incorrectas. Entonces necesitamos tener a bordo a las personas apropiadas en los asientos apropiados.

Las primeras dos cosas son muy obvias: tener a en el bus a las personas adecuadas y deshacernos de aquellos que no pertenecen. La tercera parte nos causa angustias porque una vez que las personas se montan en el bus, no siempre sabemos qué hacer con ellos.

El concepto de Collins me hizo consciente de uno de los más terribles años de mi vida. En Beulah Heights, reconocí que una persona que había sostenido mi escalera de seis metros hizo un excelente trabajo... mientras usé la misma escalera. Cuando decidí subir una escalera de doce metros, no me la pudo sostener. La persona que realiza un excelente trabajo sosteniendo una escalera de doce metros puede no ser la misma persona que necesitemos si deseamos ir más alto.

Me causó un dolor intenso el darme cuenta de que personas buenas, comprometidas, personas que trabajan duro y personas de integridad, pueden no ser los que necesitamos para que nos ayuden a movernos al siguiente nivel.

¿Cómo los desligamos respetuosamente de nuestra organización, y cómo traemos o promovemos respetuosamente a alguien de dentro que estaba sosteniendo una escalera de dos metros, y lo ponemos a cargo de los que sostienen escaleras de doce metros? Eso significa sobrepasar a los que sostienen escaleras de seis metros o sacarlos de sus posiciones. Eso no es nada fácil.

Recuerdo una conversación que tuve con uno de mis mentores en el área de los negocios. Le pregunté: "¿Alguna vez has despedido a un amigo?".

"Sí".

"¿Me puedes ayudar a organizar un plan en el cual pueda despedir a un amigo y seguir conservándolo como mi amigo?".

Sonrió y preguntó: "¿Es cristiano?".

"Por supuesto que sí. Él es un cristiano entregado y comprometido".

"Entonces no puedes hacerlo. Si él fuera inconverso, podrías despedirlo y seguiría siendo tu amigo".

Lo miré fijamente y me pregunté cómo sería eso posible. Mientras reflexionaba en su respuesta, sabía que él tenía razón. En la Iglesia, ese es el reto del liderazgo, y es doloroso de comprender.

Digamos que soy el gerente de una pequeña compañía con diez miembros. María es mi secretaria y es una trabajadora dedicada, y ha estado en esa posición desde el año 1980. Ella puede mecanografiar rápidamente, y en la década de los ochenta y principios de los noventa ella pasó muchas horas luchando con una máquina de escribir de tinta para sacar todos los documentos que se necesitaban. Sin importar la tarea, todos podíamos depender de María. Muchas veces ella se quedaba hasta altas horas de la noche y también venía los sábados. Ninguna tarea fue demasiado grande o demasiado pequeña para María.

Los años pasaron y entramos a un nuevo siglo, y ahora la compañía tiene cien miembros. En aquel entonces María era una sostenedora de escalera maravillosa, fiel y confiable. Ella hoy no lo es.

Ella nunca pudo entender la computadora. La usa, por supuesto, pero la odia. Ella no puede entender por qué no continuamos usando la máquina de escribir, ya que es más barato que sacar documentos en la impresora láser. Las hojas de cálculo la confunden, y solo a regañadientes usa el correo electrónico para comunicarse con los demás.

¿Qué sucede ahora? ¿Estamos hiriendo los sentimientos de María y siendo superficiales con ella? ¿La despedimos? ¿La bajamos de categoría pidiéndole que se convierta en la recepcionista y que conteste el teléfono? Ella fue definitivamente la mejor sostenedora de escalera cuando nuestra escalera alcanzó solo cuatro metros, pero no puede encargarse de una escalera que se levanta a quince metros. ¿Deberíamos seguir buscando otra escalera de cuatro metros para que podamos hacer feliz a María?

La mayoría de las organizaciones que crecen no tienen otra escalera de cuatro metros, así que personas como María han alcanzado su tope. En una corporación, no queremos transferir a un trabajador que ha llegado a su tope de un departamento a otro, porque sabemos que ha alcanzado su límite. Tales trabajadores han elegido permanecer en su nivel actual y se niegan a aprender nuevas habilidades para poder avanzar.

En una corporación, la secretaria sabría que hay una escalera de doce metros en camino. Ella podría conservar su trabajo aprendiendo las habilidades necesarias para una asignación mayor. Pero ¿qué tal si rehúsa hacerlo? ¿Qué sucede si elige mantener su habilidad al nivel en que se encuentra actualmente, o si ella aumenta sus habilidades solo cuando es obligada a aprender más?

Por el contrario, digamos que Alexandra es la persona de tecnología y ha dedicado mucho tiempo para aprender nuestro sistema de información. Ella comprende nuestro *software* y puede programarlo, puede hacer que todo funcione, y puede descifrar todos los problemas en los nuevos sistemas. Nuestra compañía ha comenzado a expandirse porque estamos vendiendo más. Tenemos más vendedores externos. Los clientes nos están haciendo compras por medio de nuestra página de Internet. Alexandra ha demostrado ser invaluable para la corporación, y seguirá avanzando.

¿Qué hay de las personas como María que se negaron a continuar progresando? Ellos han elegido ser obsoletos. Eso puede sonar cruel, pero es verdad.

Esto plantea un gran dilema en el liderazgo y es una de las tareas más difíciles. Como líder, tengo que fijarme en María. Aunque la admiro y valoro sus años de servicio, también admito que está deteniendo el progreso de la iglesia. Finalmente, tendré que despedirla. Alexandra, de treinta años de edad, ha estado trabajando únicamente dos años con la compañía, pero ella sustituirá a la de cincuenta y tres años de edad que ha sido empleada por mucho tiempo, pero que ha permanecido en el mismo nivel de habilidad por los últimos veinte años.

En un negocio, las personas entienden que sus habilidades no han ido a la par con las demandas. Pueden molestarse por ser despedidos, pero lo entienden.

Pero es verdad, también, que puede existir un escenario diferente, donde los argumentos sean más sentimentales y se diga "trabajo más duro que cualquier otra persona", o "nadie está más comprometido que yo en servir a los demás".

No importa cuánto trate de razonar con ella, probablemente María no afrontará la realidad de que ella solamente es capaz de trabajar con una escalera de cuatro metros y nada más. Ella no puede entender por qué ya no necesitamos escaleras cortas.

Necesitamos diferentes sostenedores de escaleras para los diferentes niveles en la organización. Los viejos líderes raramente son nuevos líderes, porque las personas continúan viendo la organización al nivel de cuando llegaron a ella; en cambio, los nuevos líderes la ven como está ahora.

Por ejemplo, un líder que se unió a la iglesia cuando era de cien miembros tendrá dificultades dirigiendo la iglesia cuando sea de mil miembros, porque todavía piensa acerca de la iglesia como "solía ser".

Entonces ¿qué hacemos?

7

¿ESTAMOS MIRANDO LA PARTE SUPERIOR DE LA ESCALERA?

Varias veces he luchado con el asunto de cómo tratar con las personas que rehúsan crecer con la organización. Una de las cosas más útiles que hice fue consultar con otros líderes. ¿Cómo hicieron para manejar tales situaciones?

Una cita de Ken Blanchard me ayudó inmensamente. Él adquirió importancia al final de la década de los setenta cuando coescribió *El manager al minuto*. En una entrevista escrita por Patricia Baldwin, en *Private Clubs*, Blanchard dijo:

"Solo somos tan buenos como la persona que está contestando el teléfono, la que está saludando a los clientes o la que se ocupa de las quejas. A nadie le interesa quién es el presidente de una compañía".[7]

Él continúa diciendo: "Si creas una gran organización humana, después todo lo demás fluirá por sí solo".[8]

En el capítulo anterior mencioné que el libro de Patrick Lencioni, *Las cuatro obsesiones de un ejecutivo*, me impactó profundamente. Él comenzó hablando sobre la esencia de la organización. Yo tenía carteles pegados por todas las paredes llamados "La esencia del Instituto Bíblico Beulah Heights", pero sabía que por sí solos no marcarían ninguna diferencia. Tuve que pasar tiempo con los sostenedores de escalera y ayudarles a ver la importancia de sus roles. De esa forma los carteles significarían algo: expresarían sus actitudes y valores, y no solo los míos.

En el primer capítulo de este libro precisé que si optamos por desarrollar líderes, toma tiempo. ¡Y lo toma!

Después de pensar mucho en esto, le pedí a mi asistente que me hiciera citas de media hora con cada persona del equipo de trabajo, los de medio tiempo y los de tiempo completo. Cuando me reuní con ellos, les expliqué que esa no era una evaluación de trabajo. Posiblemente algunos tendrían cambios en sus labores, pero nadie iba a ser despedido.

Cuando nos reuníamos, revisaba su descripción de trabajo y lo que estaban haciendo para el instituto. Les permití que me hablaran sobre su trabajo.

"¿Cuál es tu pasión?", pregunté. "¿Dónde encuentras mayor gozo?".

Una persona dijo: "Odio lo que estoy haciendo".

"¿Qué es lo que te gustaría hacer?".

Ella me lo dijo e hicimos los cambios. Ahora se encuentra realizando el trabajo que le gusta hacer. Después de un tiempo dijo: "Ahora tengo la expectativa de venir a trabajar cada día".

Todos ellos eran buenas personas, y para utilizar la metáfora de Jim Collins, todos estaban a bordo del bus. Solo que no teníamos a cada uno en el asiento correcto. Como presidente, fue mi culpa que no se sintieran satisfechos o que no les gustara la escalera que tenían que sostener. De esas conversaciones, realicé tres cambios moviendo personal. En ese momento no despedí a nadie.

El principio es simple. Si las personas están contentas y les gusta lo que están haciendo, eso se reflejará en todo lo que hacen. Cuando contestan el teléfono, el usuario sabrá que son felices en sus trabajos.

Yo le digo a la persona de la recepción: "Eres la directora de las primeras impresiones". Sé que antes de que las personas conozcan al presidente, entren a cualquier salón de clase, o escuchen a cualquiera de nuestros maravillosos instructores, oirán una voz en el teléfono. Verán a esa persona tan pronto como abran la puerta de la oficina.

SI LAS PERSONAS ESTÁN CONTENTAS Y LES GUSTA LO QUE ESTÁN HACIENDO, ESO SE REFLEJARÁ EN TODO LO QUE HACEN.

También necesitamos tener buena presentación en nuestro campus. No hay basura en el suelo. Nadie verá vasos desechables en el piso o envolturas de golosinas llevadas por el viento.

Queremos que los visitantes, sin importar hacia dónde dirijan su mirada, vean una organización eficiente y bien cuidada.

Otro experto es Bernie Marcus, cofundador y exgerente de la tienda *The Home Depot*. Dijo: "Tienes que saber qué es lo que mejor haces y hacerlo. El concepto de que puedes hacer cualquier cosa que quieras hacer, simplemente no es cierto. Hay cosas en las que puedes ser exitoso y cosas en las que no. Tienes que sentarte y evaluar tus habilidades, fuertes y débiles, y luego enfocarte en las fuertes". [9]

El autor señala que Marcus aprendió a enfocarse después de haber fracasado anteriormente con otra compañía. Él construyó un coloso en el área de mejoras para el hogar. "Mis fortalezas eran como empresario y comerciante, pero no en lo cotidiano. Así que me centré en esas áreas tanto como en las personas, y me rodeé de *grandes operadores*". [10]

Él estaba hablando de los sostenedores de escaleras. Continúa diciendo: "Eres tan bueno como las personas a tu alrededor. Así que rodéate de buenas personas".[11]

Parafraseando sus palabras, significa que solamente podemos ir tan alto como nos lo permita la persona que sostiene la escalera. Nuestra altura no es controlada por nosotros mismos, sino por las personas en la parte de abajo.

El presidente y gerente de operaciones del hotel Ritz-Carlton, Simon Cooper, dijo en una entrevista: "Mi desafío es cómo continuar el crecimiento de la compañía, basado sobre nuestros principios fundamentales. Por lo tanto, estoy enfocado en el capital humano y financiero. Después de todo, no seremos exitosos si no atraemos y conservamos lo mejor del capital humano, así como también el capital financiero".[12]

Cualquier persona que haya estado en un hotel Ritz-Carlton sabe que la diferencia no son necesariamente las habitaciones. También podemos conseguir buenas habitaciones en otros hoteles. La diferencia está en su servicio. Ellos tienen un perfil detallado de los clientes, saben lo que prefieren, y les brindan comodidad.

SOLAMENTE PODEMOS IR TAN ALTO COMO NOS LO PERMITA LA PERSONA QUE SOSTIENE LA ESCALERA.

S. Truett Cathy, fundador de Chick-fil-A, la franquicia de comida rápida de mayor crecimiento en el mundo, da su receta para el éxito en los negocios: "Requiere de mucho tiempo y esfuerzo asegurarte de que tienes las personas apropiadas trabajando en las posiciones correctas, pero creemos que es un tiempo bien invertido. La satisfacción del cliente es la recompensa".[13]

Otro artículo escrito en el periódico *Atlanta Journal Constitution* dice que las habilidades de las personas son lo más importante. "Al darles una opción, los empleadores de Georgia dicen que aceptarían a una persona adaptable a la 'gente' en vez de un trabajador técnicamente competente". Ellos prefieren la actitud a la aptitud.[14] Se llegó a esta conclusión por medio de una encuesta realizada por la Cámara de Comercio de Atlanta a principios de 2003.

La primera pregunta para Leonard Roberts, presidente de Radio Shack, en una entrevista que apareció en la revista *Sky*, de Delta, fue: "¿Cuál es el desafío más grande que enfrenta su industria?".[15]

El señor Roberts está en un campo técnico, y yo habría supuesto que él se referiría a desafíos técnicos o a mantener el rápido crecimiento en los avances electrónicos. He aquí su respuesta: "Nuestro mayor desafío es cerciorarnos de que tenemos a bordo las personas correctas, entrenadas apropiadamente y calificadas para proporcionar las respuestas que los americanos necesitan con respecto a la tecnología".[16]

Allí estaba otra vez: las personas antes que la tecnología.

Aquí está la última pregunta y respuesta de esa entrevista:

"¿Qué tal si [la estrategia] falla?".

"Si no comprendemos a las personas, todo se esfuma. Lo perdemos todo".

Se le preguntó a Wayne Gretzky, quien es reconocido como el jugador de hockey más grande de la historia: "¿Qué es lo más importante que ha aprendido como propietario de un restaurante?".

"Que su socio sepa lo que está haciendo. Tengo un gran socio. Él ha estado en el negocio de los restaurantes con su familia por más de 50 años. Saben lo que están haciendo. *La mejor cosa que usted puede hacer es asegurarse de escoger a la gente apropiada, y yo he conseguido un gran socio*"[17] (énfasis del autor).

En una entrevista con Gerd H. Klauss, presidente y gerente general de Volkswagen de América, el entrevistador dijo: "La cabeza de cada compañía importante de automóviles afirma que su compañía es la mejor, pero Volkswagen verdaderamente es una marca registrada mundialmente. ¿Qué es lo que hace a la compañía tan exitosa?".[18]

Como parte de su respuesta, Klauss dijo: "Volkswagen atrae a las personas que están orgullosas de ser diferentes, quienes no siguen siempre la corriente".[19]

Para expresarlo en mi lenguaje, Klauss se refiere a la clase de personas que queremos atraer como sostenedores de escalera.

8

¿CÓMO EL MEJOR LÍDER DE LA HISTORIA ESCOGIÓ A SUS LÍDERES?

"¿Cómo escogió Jesús a los sostenedores de escalera?". Me he hecho esa pregunta varias veces, y pienso que Lucas 5:1-11 contiene la respuesta. En ese relato, Lucas registra el incidente donde Pedro, Santiago y Juan pescaron toda la noche y no atraparon nada. Después de que se dieron por vencidos y estaban muy ocupados lavando sus redes, Jesús subió a una de las barcas, enseñó a las personas, y luego le dijo a Pedro que saliera de nuevo a pescar.

A pesar de que ellos, que eran pescadores profesionales, no habían atrapado nada, Pedro hizo lo que Jesús le dijo. Para su asombro, atraparon tantos peces que sus redes se rompían, y tuvieron que pedir ayuda a otros pescadores.

El relato termina cuando Jesús les dice que de ahora en adelante no estarían atrapando peces. Ellos serían pescadores de hombres. Esta historia es reconocida como aquella en la que Jesús llama a tres de sus discípulos.

Aunque había leído el pasaje muchas veces, un día noté que Lucas 5:10 hace referencia a "Santiago y Juan, los hijos de Zebedeo, los cuales eran socios de Simón (Pedro)". Esto significa que eran socios antes de que Jesús los llamara. Jesús no disolvió su sociedad.

Si seguimos la vida de Jesús, vemos que Él acababa de llamar a las tres personas más importantes para sostener su escalera. Después de esto, a todo lugar que va, siempre lleva consigo a este trío *como grupo*. Si eran socios en el negocio de la pesca, dada la cultura y las normas de ese tiempo, es aceptable suponer que sus padres y quizás sus abuelos habían sido socios.

He aquí cómo Jesús operó con los tres socios. Un día fue a la casa de Jairo. La hija del hombre había muerto, y Jesús tomó al trío con Él. Estuvieron con Él en el Monte de la Transfiguración. Al final de su jornada, cuando oró en Getsemaní, Jesús llamó a todos sus discípulos y luego llevó a los tres hombres con Él un poco más adentro del jardín.

Esta es la forma en que el Señor trabajaba. Primero llamó a un grupo de doce. Y de ahí, eligió a ciertas personas. En Lucas 5:27-28 dice: *Después de estas cosas salió, y vio a un publicano llamado Leví, sentado al banco de los tributos públicos, y le dijo: Sígueme. Y dejándolo todo, se levantó y le siguió.*

También quiero señalar la palabra traducida como "vio" en este pasaje. Es la palabra griega *theaomai*. Aunque hay una docena de palabras en griego para "ver", esta palabra aparece pocas veces. Da la idea de observar atentamente, mirar fijamente, y se traduce en ocasiones como *mirad*. Los eruditos la llaman una palabra solemne y "se utiliza para una mirada visionaria y para la percepción de realidades más altas".[20]

Aunque no es una palabra común en el Nuevo Testamento, *theaomai* tiene cuatro significados distintos. Cada uno enfatiza la acción de la persona que está mirando.

1. Observar con deseo
2. Observar por un momento
3. Pasar tiempo con
4. Mirar o estudiar detenidamente

Notemos especialmente el cuarto significado. Ese es el punto que Lucas hace al usar *theaomai*. Jesús no miró alrededor a la ligera. Él examinó o se enfocó cuidadosamente. Es como si Jesús mirara a fondo dentro del hombre y entonces, y solo entonces, dijera: "Sígueme".

Jesús reclutó a Leví con un propósito en mente. En todos los Evangelios, Mateo es solo uno de los doce, pero Jesús tenía un propósito especial para él. Leví, también conocido como Mateo, era alguien que sabía cómo mantener registros exactos, pues ese era su negocio como recaudador de impuestos. Lo que el anterior recaudador de impuestos no entendía fue que, desde entonces, Jesús lo estaba preparando para escribir un relato exacto de acontecimientos. Sería llamado el Evangelio según Mateo, el primer libro en el Nuevo Testamento.

Jesús aún está haciendo la misma clase de *theaomai* hoy día. Él está observándonos en dos niveles: nuestro papel como parte del grupo y como individuos.

He aquí el punto: como grupo, las personas son reclutadas como sostenedores de escalera, pero continúan como individuos.

Cuando estaba atravesando esa época difícil de tratar con asuntos de personal en el Instituto Bíblico Beulah Heights, reiteradamente las personas se hacían, unas a otras, tres preguntas (por supuesto, ninguno de ellos me preguntó a mí).

1. *¿Ve Sam lo que nosotros vemos?* Cada persona en nuestra oficina sabía cuáles eran los eslabones débiles. Podían ver la incompetencia. No pensaban en esos individuos como personas malas, sino solo como aquellos que eran incapaces de terminar el trabajo.

2. *Si Sam ve lo que nosotros vemos, ¿por qué no hace algo al respecto?*

3. *Si Sam no ve lo que nosotros vemos, ¿qué clase de líder es?*

Finalmente les pedí a algunas personas que salieran del bus, invité a otras a subir, y cambié el orden de los asientos; comenzamos a funcionar más eficientemente. Fue entonces cuando me enteré de las tres preguntas que se habían estado haciendo el uno al otro.

Después de realizar los cambios, las personas vinieron a mí con declaraciones que comenzaban con una palabra: *Finalmente.*

"Finalmente, alguien hizo algo".

"Finalmente, alguien vio lo que por mucho tiempo todos sabíamos".

"Finalmente, alguien tuvo el valor de lograrlo".

Hasta entonces, no comprendía que estaban cuestionando mi liderazgo; y tenían razón de hacerlo, porque veían a toda la organización sufriendo por lo que ellos consideraban mi falta de acción.

Hice las cosas bien; solo que algunas las hice un poco tarde.

9

CÓMO DESARROLLAR SOSTENEDORES DE ESCALERAS

Una sala llena de risueños adolescentes, un mensaje sin terminar, y los detalles finales para el desayuno de oración de hombres que tendría lugar a la mañana siguiente. Como luchadores por equipos, estos tres eventos tomaron turnos para mantener la mente del pastor Jake Barrett totalmente ocupada durante cada minuto de una lluviosa tarde de viernes.

Con la llegada de la noche, la puerta de la sala multipropósito comenzó a abrirse y cerrarse puntualizando la llegada de cada grupo de jóvenes. Desde que se fue su pastor de jóvenes, Jake era el único disponible para atender esta reunión. Había empleado unas cuantas horas con una guitarra prestada esa tarde, intentando aprender algunas canciones, pero sabiamente desechó esa idea para hacer una versión a capela.

Dejando las notas de su mensaje a un lado, Jake hizo dos llamadas sin éxito para confirmar la entrega de alimentos para el desayuno de mañana. Mientras esperaba al teléfono, comenzó a modificar el anuncio que había usado para contratar a su último pastor de jóvenes. En el instante en que su esposa abrió su puerta para hacerle una señal para que comenzase la reunión, una señal de teléfono resonó en el auricular. Sabiendo que en la tienda de *delicatessen* le habían vuelto a desconectar, Jake dejó el anuncio, colgó el teléfono y se dirigió hacia el grupo de jóvenes que esperaba.

Si quisiéramos descubrir la filosofía de un pastor principal, la mejor forma sería observar cómo enfoca su manera de dirigir una iglesia.

Por lo general, los pastores principales confían en una de tres estrategias para llevar a cabo la obra del ministerio:

1. *Hágalo usted mismo.* Aunque este método solo parece práctico en iglesias más pequeñas, también es atractivo para líderes que necesitan tener una sensación de control. El inconveniente es obvio: puede ser una fatigosa carga de trabajo.
2. *Contratar ayuda.* Contratar líderes puede crear un equipo ministerial, pero significa pagar salarios y dar beneficios. Puede ser una tarea costosa.
3. *Desarrollar personas.* Desarrollar sus propios líderes requiere una gran inversión de tiempo. También ofrece muchas ventajas.

Si nuestras iglesias quieren perdurar, es imperativo que desarrollemos personas para que se conviertan en los líderes que necesitamos. Levantar líderes es una forma más eficaz de ministrar y un uso más eficiente de nuestros recursos. Pero el desarrollo solo se produce cuando te das cuenta de que otras personas pueden llevar el ministerio a un lugar al que tú solo nunca podrías llegar.

En este capítulo examinaremos algunas de las razones por las que no se están desarrollando líderes, revisaremos algunas características importantes del desarrollo, veremos diferentes tipos de líderes y analizaremos principios para el desarrollo.

POR QUÉ LAS IGLESIAS NO DESARROLLAN LÍDERES

La mayoría de los líderes están ocupados haciéndolo todo ellos mismos, ocupados reclutando o simplemente están ocupados. Aunque la mayoría de los líderes de hoy están desarrollando a otros, este método aún no está en el radar de un número suficiente de iglesias.

Hay varias razones para no desarrollar líderes:

- Demandas apremiantes
- Decepciones en el pasado
- Temor a la vulnerabilidad
- Repetir un patrón

Demandas apremiantes. Muchos líderes se sienten estirados en diferentes direcciones. Estamos intentando dar a conocer nuestra visión, tenemos mensajes que desarrollar y predicar, estamos intentando levantar fondos para el ministerio, y estamos intentando seleccionar personas responsables para que hagan otras tareas. De manera innata, sabemos que desarrollar líderes toma tiempo, el cual siempre escasea. Si nos cuesta decir no, el tiempo es incluso un producto más valioso.

Cuando los aprietos de las responsabilidades diarias y la urgencia del momento nos impide desarrollar líderes, hemos dejado que lo bueno se convierta en el enemigo de lo mejor.

Decepciones en el pasado. La Escritura ilustra cómo la decepción podría impedirnos desarrollar otros líderes. Cuando Moisés estaba en el monte Sinaí recibiendo los Diez Mandamientos, Aarón estaba abajo supervisando la loca fiesta de fraternidad de Israel. Cuando Moisés regresó, descubrió que el líder en quien había confiado había cometido un grave error.

Cuando levantamos líderes, siempre habrá quienes nos decepcionen. A menudo, son los líderes con los que más tiempo hemos empleado los que nos causan el mayor daño. Y como nos han herido, quizás no sigamos desarrollando líderes.

CUANDO LOS APRIETOS DE LAS RESPONSABILIDADES DIARIAS Y LA URGENCIA DEL MOMENTO NOS IMPIDE DESARROLLAR LÍDERES, HEMOS DEJADO QUE LO BUENO SE CONVIERTA EN EL ENEMIGO DE LO MEJOR.

Si no estamos dispuestos a encontrar a un Aarón que podría decepcionarnos, nunca encontraremos al Josué que continuará con el liderazgo después de nosotros.

Temor a la vulnerabilidad. La clave para mentorear a otros es dejarles ver tu corazón. Si vamos a desarrollar líderes de alto nivel, tenemos que dejarles acercarse a nosotros lo suficiente como para que eso ocurra.

Para algunos de nosotros, exponer nuestro corazón parece algo peligroso. Por eso las personas pagan consejeros y consultores; porque necesitan un lugar seguro para mostrar su corazón. Cuando estamos desarrollando un líder, no podemos tan solo esmerarnos; debemos ser capaces de revelar nuestras dudas y también nuestros temores. Tenemos que estar dispuestos a derramar nuestro corazón en otra persona. Tenemos que estar dispuestos a asumir un riesgo.

Repetir un patrón. Una vez que se arraigan ciertos patrones de conducta en las personas, resultará difícil romperlos. Estos patrones pueden variar desde hábitos inofensivos, pero molestos, a otros más serios. Por ejemplo, los niños que crecen en hogares disfuncionales tienden a seguir con los malos hábitos que aprendieron allí. Del mismo modo, quienes nunca fueron mentoreados continúan el patrón aprendido de no desarrollar otros líderes.

> Yo me crie en la casa de un pastor en India, me gradué del instituto bíblico, fui al seminario y pasé de pastorear a ser el supervisor de distrito de iglesias en Indiana, Wisconsin, Illinois y Michigan. A pesar de esas bendiciones, no soy capaz de recordar que un mentor se acercase a mí y mostrara algún interés en mi desarrollo. Nadie se acercó a mí (recuerda que lo mencioné anteriormente) a decirme: "Veo algunos dones de en ti. Permíteme rodearte con mi brazo y guiarte. Este es mi número de teléfono, esta es mi dirección de correo electrónico. Llámame, escríbeme, déjame ayudarte".

> Cuando me di cuenta de esta carencia y vi su efecto, me decepcioné y me enojé. Me preguntaba por qué las personas con visión no me dirigieron con respecto a los problemas que pudieran haber visto llegar contra mí. Pero esta idea se detuvo en seco cuando me di cuenta de algo importante: los líderes a mi alrededor no me desarrollaron porque nadie les había desarrollado a ellos. En vez de ser una piedra de tropiezo, esa comprensión se convirtió en la motivación que dirige mi pasión por el desarrollo del liderazgo. Es mi forma de ayudar a otros líderes a romper el patrón.

Si nadie nos mentoreó o desarrolló, no tendremos ningún modelo para el desarrollo. Por lo general, solo enseñaremos de la misma forma en que fuimos enseñados, y solo daremos lo que tenemos. Sencillamente no podemos transmitir lo que no poseemos.

Cuando nos damos cuenta de esto, tenemos que buscar formas de romper ese ciclo. Podemos comenzar a buscar mentores y encontrar personas que hablen en nuestras vidas. Encontrar un mentor no es tan difícil como podría parecer. Cuando busques a un mentor, busca a alguien que tenga metas similares a las tuyas, que esté haciendo lo que a ti te gustaría hacer, o que tenga dones que a ti te gustaría tener. Si puedes, contrata también a un *coach* para que te aporte un desarrollo específico o especializado.

No todo el desarrollo tiene que venir de estas relaciones de mentoría formales. Hay muchos mentores informales que pueden mentorearnos durante años mediante sus libros y materiales digitales. Cuando estés escuchando y leyendo, asegúrate de hacer las preguntas correctas. Si hacemos preguntas de tipo "qué", lo único que obtenemos es información. Si hacemos preguntas de tipo "por qué", podemos descubrir los principios que proporcionan los cimientos para el entendimiento. Hacer las preguntas adecuadas es la clave.

Una relación de mentoría debería ayudarnos a desarrollar la habilidad de pensar diferente, de pensar como un líder. Uno de mis amigos una vez tuvo la oportunidad de pasar unas horas con un pastor de una iglesia muy grande. Queriendo aprovechar al máximo su tiempo, mi amigo me escribió un correo electrónico pidiéndome consejo sobre el tipo de preguntas que debía hacerle al pastor.

Yo le animé a no enfocarse en las preguntas. En cambio, le aconsejé que tuviera una conversación informal e intentara descubrir cómo piensa ese pastor. Descubriendo cómo llega a sus conclusiones, cómo toma sus decisiones, cómo implementa estrategias, mi amigo se estaría entrenando a sí mismo para pensar como su mentor.

UNA RELACIÓN DE MENTORÍA DEBERÍA AYUDARNOS A DESARROLLAR LA HABILIDAD DE PENSAR DIFERENTE, DE PENSAR COMO UN LÍDER.

Cuando nos damos cuenta de que no hemos sido mentoreados, no podemos permitirnos seguir en nuestra decepción. No podemos permitirnos que la siguiente generación de líderes aprenda por las malas, como nosotros aprendimos. Tenemos la responsabilidad de la siguiente generación y de hacer lo correcto. Debemos transmitir la bendición de la mentoría a la siguiente generación de líderes y capacitarlos para que avancen por delante de nosotros.

EVALUACIÓN DE DESARROLLO

Responder estas cuatro preguntas te ayudará a desarrollar tu propio plan de acción para el desarrollo del liderazgo.

- ¿Dejas que otros participen en el ministerio en vez de hacerlo todo tú solo?
- ¿Te apasiona enormemente desarrollar a la siguiente generación de líderes de la iglesia? Si no, ¿qué puedes hacer para comenzar?
- ¿Has comenzado a buscar personas en las cuales volcar tu tiempo y energía?
- ¿Estás mandando a personas al ministerio, permitiéndoles crecer y fallar sin temor?

LA DIFERENCIA CRÍTICA: ENTRENAR VS. DESARROLLAR

Muchos líderes cometen un error común. Piensan que están desarrollando a otro líder, o incluso que ellos mismos están siendo desarrollados, cuando, de hecho, lo que está ocurriendo es solo una capacitación laboral.

Es vital que entendamos estas diferencias fundamentales entre entrenar y desarrollar:

- **Entrenar se enfoca en las tareas y es menos arriesgado.** Entrenamos a personas todo el tiempo. Entrenamos a aquellos que hacen tareas específicas en la organización, después los situamos en ese papel fijo dentro de cierto entorno. Tienen restricciones a su alrededor, tienen cosas que hacer y otras que no deben hacer, y por lo general tienen también un supervisor. Si cometen errores, generalmente no son errores de alto riesgo.
- **Desarrollar se enfoca en las personas, no en las tareas.** El desarrollo apunta mucho más arriba que asegurarse de que alguien puede realizar un trabajo. Y como el desarrollo se enfoca en las personas en vez de enfocarse en las tareas, requiere dar de ti mismo. Si realmente estás desarrollando a una persona, ella podrá terminar tus frases. Sabrá cómo piensas. Sabrá cómo abordas la resolución de los conflictos, cómo desarrollas soluciones y cómo llevas a cabo las iniciativas. En el proceso de desarrollar a un líder, transmites parte de ti mismo.
- **Deberíamos desarrollar primero personas, y luego entrenar a los que hemos desarrollado.** Algunos líderes quieren entrenar a personas, ven quién es fiel y luego desarrollan solamente a esas personas. Queremos que las personas demuestren algo de sí mismos antes de estar dispuestos a darles de nuestro tiempo. Por desgracia, esto puede resultar en que las personas se sientan usadas. Siempre deberíamos poner a las personas por encima de

lo que pueden hacer. De lo contrario, tendremos personas que hacen lo correcto y que no han desarrollado el carácter, que tienen intenciones dudosas o malas actitudes.

- **Cuando desarrollamos a alguien, estas personas pueden ser entrenadas para varias tareas.** Podemos analizar las capacidades de aquellos a los que hemos desarrollado para que puedan cumplir con otras tareas y ocupar otras tantas posiciones. Pero esto solo es posible después de haber sido desarrollados.
- **En el entrenamiento, les damos a las personas tareas; en el desarrollo, les damos responsabilidad.** Un buen ejemplo es el siguiente: entrenar a alguien para que enseñe a los niños es un trabajo, pero darle el reto de nutrir, criar y guiar a los niños es desarrollo.

A menudo es necesaria una gran decepción para llevarnos a un nuevo entendimiento. De esta forma es la importante distinción entre entrenar y desarrollar.

> Después de escuchar que una iglesia que pastoreé durante nueve años había tenido cinco pastores y dos divisiones desde que me recolocaron en 1989, comencé a analizar cómo podían haber contribuido a ello mis acciones. Al mirar atrás, llegué a la conclusión de que hice un gran trabajo levantando seguidores. Sin embargo, hice un trabajo pésimo (si es que lo hice) desarrollando líderes.
>
> Llegué a la conclusión de que fue porque di un gran entrenamiento, pero no hice nada de desarrollo. Si

hubiera invertido mi tiempo en desarrollar a otros, si hubiera derramado mi corazón en ellos para que pudieran terminar mis frases, llevar a cabo la visión y mentorear a otra generación de líderes, quizás esas dificultades se podrían haber evitado.

Aunque nunca lo sabré con certeza, me pregunto acerca de esto.

DESARROLLO DE LOS CUATRO TIPOS DE LÍDERES

Cuando se entrena, se usa la misma medida para todos. Nuevamente vayamos a un excelente ejemplo de una iglesia. Podemos entrenar a todos nuestras personas que dan la bienvenida y nuestros maestros de escuela dominical para realizar las mismas tareas y del mismo modo.

Cuando se desarrolla, sin embargo, se requiere un método más a la medida de cada persona.

Cada vez más iglesias están empezando a imitar el modelo de recursos humanos del mundo empresarial. Consideran los tipos de personalidad y los inventarios de estilos de empleados para encontrar la forma más eficaz para desarrollar a personas. Willow Creek es tan solo un ejemplo de esto: identifican los talentos de una persona y luego proporcionan el entrenamiento y desarrollo que le va bien a cada uno.

El modelo empresarial nos ayuda a evitar un problema común en el desarrollo de liderazgo: la tendencia a desarrollar personas más allá de donde necesitan ser desarrolladas. Las iglesias a menudo toman a alguien con una habilidad concreta e intentan conseguir que también sea bueno en otras habilidades que no son parte de sus destrezas. Les decimos: "Tú eres un líder. Está bien que seas bueno en X; ahora, aquí están tanto Y como Z". Ese tipo de pensamiento puede hacer que nos metamos en problemas. El desarrollo que proporcionamos tiene que ser apropiado.

Hay muchos métodos útiles de clasificar líderes que pueden ayudarnos a determinar la mejor forma de desarrollarlos. Examinemos estas cuatro categorías (PEAE) de tipos de liderazgo:

- Posicional
- Emprendedor
- Administrativo
- Espiritual

Tipo de líder	**Necesidad de desarrollo**
Líder posicional	Dar un trabajo
Líder emprendedor	Dar entendimiento
Líder administrativo	Dar confianza
Líder espiritual	Dar oportunidad

LÍDERES POSICIONALES

Tienen habilidades muy específicas. Puede que sean buenos organizando o en la contabilidad. Puede que tengamos que invertir algo de tiempo ayudándoles a descubrir esta fortaleza para que puedan aplicar este talento. A veces, un talento será rápidamente obvio para ti o para ellos. Y a veces un líder puede ver un talento específico, pero quizás no piensa que haya una forma de aplicarlo dentro de la organización. Una vez que se descubre el talento de un líder posicional, puedes enfocarte en proporcionar el entrenamiento que sea necesario para aplicar su don.

LÍDERES EMPRENDEDORES

Tienen un espíritu pionero combinado con un astuto sentido emprendedor. El líder emprendedor correcto puede ponerse al lado de un pastor principal y encontrar formas creativas de hacer uso de los bienes económicos de la iglesia. En el proceso, van a ayudar a descubrir nuevas oportunidades y extender el ministerio. El líder emprendedor correcto puede ser una bendición para el pastor que está listo para admitir su necesidad en el área de los negocios. Si vamos a traer a un líder emprendedor, tenemos que estar dispuestos a confiar en él. No es necesario entender del todo cada cosa que esté haciendo, pero necesitan tener confianza. Y vamos a tener que confiar en él, o ella, a un nivel más alto que el que tenemos en los otros tres tipos de líderes.

LÍDERES ADMINISTRATIVOS

Tienen la capacidad de conectar A y B. Su enfoque en la gestión significa que se necesita menos entrenamiento para ellos y que simplemente ellos entiendan más tu organización. Se les debería dar un "tour detrás del telón", por así decirlo, de la iglesia que se anhela edificar y gestionar. Hay que enseñarles cómo se relacionan las cosas, qué es bueno y qué necesita mejorar. No es necesario delimitarles tareas muy detalladas; estos líderes necesitan confianza para poder hacer las mejoras que están equipados para ver e implementar.

Algunos pastores de algún modo no están dispuestos a entregar estos esfuerzos. En seguida dirán: "Yo no soy bueno con los negocios". Cuando recomendamos que tengan a alguien a su alrededor con un buen sentido de los negocios, dudan. "He oído que si uno no controla el dinero, no controla el ministerio", dirán. Siempre les recordamos que las personas que no son buenas en los negocios y que controlan el dinero es probable que puedan llegar al punto de no tener dinero qué controlar. Después de eso, algunos de ellos finalmente ceden.

LÍDERES ESPIRITUALES

Están hechos para la espiritualidad. Son los líderes mencionados en Hechos 6, aquellos que saben que deberían dedicarse a la Palabra y la oración. A estos líderes hay que proveerles de un entorno en el que puedan ejercitar este don. No necesariamente significa predicar desde el púlpito; podría involucrar dirigir la oración congregacional, adoración o estudio bíblico.

DESARROLLO DE LOS CUATRO TIPOS DE LIDERAZGO

¿Has estado alguna vez en un automóvil diseñado para funcionar con combustible especial y que estaba funcionando con gasolina normal? El poco dinero que nos ahorramos no compensa los resultados producidos. Los automóviles que necesitan combustible de alto octanaje se quejan audiblemente y andan peor cuando no tienen el combustible indicado. El motor suena, a veces echa humo, y no es nada bonito.

Del mismo modo, cada uno de los cuatro estilos de liderazgo está diseñado con necesidades particulares. Como cada uno tiene un don diferente, no podemos darles el mismo camino de desarrollo y esperar que funcionen bien. No podemos esperar que un emprendedor prospere dándole exactamente el mismo desarrollo que le damos a un líder administrativo. Sus necesidades son distintas.

Como ilustra el siguiente cuadro, cada tipo de liderazgo tiene un estilo de funcionamiento distinto, consideraciones ambientales distintas y sus propias necesidades de desarrollo.

Tipo de líder	Estilo	Necesidad ambiental	Necesidad de desarrollo
Posicional	Hacer	Responsabilidad	Entrenamiento relacionado con el trabajo
Emprendedor	Crear oportunidades	Confianza	Trasfondo en muchas áreas
Administrativo	Gestionar	Entendimiento	Conocer el sistema organizacional
Espiritual	Inspirado divinamente	Oportunidad	Tiempo tranquilo

Entender cada estilo y adherirse a estos cuatro principios de desarrollo nos ayudará a formar líderes eficaces:

1. Conocerse a uno mismo
2. Formar un equipo equilibrado
3. Honrar a cada miembro
4. Unirse bajo una sola visión

1. CONOCERSE A UNO MISMO

Es importante que el pastor principal distinga su propio estilo de desarrollo antes de desarrollar a otros líderes. Entender nuestro propio estilo nos guarda de los efectos negativos de "la ley de la afinidad", la cual podemos describir sencillamente como "los iguales se atraen".

La naturaleza humana tiene una tendencia miope a pensar que todos los demás son como nosotros, o que *deberían* ser como nosotros. Los emprendedores prefieren desarrollar a todos como si fueran emprendedores, aunque aquellos a los que estén desarrollando sean líderes espirituales. Cuando un líder espiritual está a cargo del desarrollo, los líderes emprendedores del equipo podrían ser desarrollados según el estilo espiritual. Ciertamente, sería deseable algún desarrollo cruzado entre estilos. Pero si enfatizamos en exceso nuestro estilo o somos insensibles a los otros, frustraremos a las personas que estamos intentando desarrollar.

2. FORMAR UN EQUIPO BALANCEADO

Los iguales se atraen. Un líder emprendedor tiende a favorecer a otros tipos emprendedores. Oirás que el líder emprendedor dice: "¡Los administradores me vuelven loco! Siempre están haciendo preguntas; quieren entender por qué. Olvídalo, sigamos adelante".

Una vez que entendemos nuestras propias tendencias, dones y necesidades, es importante que formemos un equipo equilibrado. Así como las iglesias necesitan los dones ministeriales descritos en Efesios, nosotros necesitamos encontrar un equilibrio complementario entre los estilos de liderazgo. Necesitamos tipos posicionales que hagan las tareas, administradores que gestionen nuestros recursos, emprendedores que creen nuevas oportunidades, y líderes espirituales que disciernan un curso benigno.

Ciertamente, moderar una reunión de todo el equipo puede ser un reto, pero podemos minimizar los riegos asegurándonos de que todos los que están en la mesa sepan por qué está cada uno ahí. Tenemos que ayudar a todos en el equipo a encontrar el equilibrio.

Una y otra vez, el pastor principal tiene que decir: "La razón por la que Susan está aquí es porque ella es una líder posicional, que lleva a cabo las tareas. Le damos un trabajo y no tenemos que preocuparnos más de ese asunto, lo saco de mi lista ese trabajo. Por eso Susan está aquí. Jake está aquí porque ve oportunidades cuando llegamos a un camino sin salida. Él es emprendedor. Él sabe cómo hacer uso de las fortalezas de una forma que ninguno de nosotros hubiéramos imaginado y nos lleva a lugares que nunca hubiéramos considerado".

Al asegurarnos de que todo el equipo entienda los dones de los demás, también minimizamos sus frustraciones entre ellos. Esto reduce la tensión que se produce cuando el tipo emprendedor quiere avanzar y la persona espiritual quiere orar más antes de tomar una decisión. Tener ese equilibrio promueve el entendimiento.

Formar un equipo equilibrado también significa poner a las personas idóneas en las posiciones idóneas. No queremos reclutar a alguien con un estilo emprendedor y ponerlo en un hueco posicional. Tampoco esperaríamos que el líder posicional cree buenas oportunidades financieras. Antes, en este libro me oíste decir: "la colocación correcta de las personas evita problemas".

3. HONRAR A CADA MIEMBRO

La naturaleza humana nos hace preguntarnos cuál de los cuatro estilos es más importante o necesario; también nos hace pensar que el tipo espiritual es más honorable que el tipo administrativo. Evaluar los estilos de liderazgo es parecido a intentar decidir si el ala derecha o izquierda de un avión es más importante. Necesitamos todas las partes para mantenernos equilibrados, mantenernos arriba y mantenernos volando.

En términos prácticos, tenemos que asegurarnos de que cada estilo de liderazgo sea capaz de operar según sus dones y que todos aprecien la diversidad de estilos. Será bueno asegurarnos de que no todas las ideas emprendedoras se desestimen, por ejemplo. No queremos que nadie se sienta menospreciado y comience a desconectarse.

Como nos dicen las Escrituras, cada parte del cuerpo humano tiene una función necesaria. No podemos tener un cuerpo que todo él sea ojo. Tampoco podemos tener un equipo en el que todos sean posicionales, emprendedores, administrativos o espirituales. Estamos unidos para que podamos operar juntos en cooperación.

4. UNIRSE BAJO UNA SOLA VISIÓN

Aunque podemos apreciar los distintos estilos de liderazgo, una iglesia solamente puede avanzar bajo una sola visión. Puede haber diversidad de funciones, pero no diversidad de visiones. Los líderes posicionales funcionarán de forma distinta a los líderes emprendedores. Los líderes emprendedores funcionarán de forma distinta a los líderes espirituales. Y los líderes espirituales funcionarán de forma distinta a los líderes administrativos. Pero todos ellos deben funcionar en el mismo cuadro como los guisantes en una vaina. Puede haber cierta cantidad de desacuerdo, tensión y diferencias en el equipo. Pero el líder principal tiene que asegurarse de que todos operen y estén unidos bajo una sola visión.

INGREDIENTES CLAVE DEL DESARROLLO DEL LIDERAZGO

Todo viaje necesita un destino. El viaje del desarrollo del liderazgo no es distinto. ¿Cómo sabremos cuando hemos llegado? Como el desarrollo del liderazgo es un proceso continuo, quizás sea más apropiado definir el resultado final deseado.

Liderazgo es la capacidad y la voluntad de reunir a hombres y mujeres para un propósito común. Esta definición nos da un cuadro más claro del tipo de líderes que queremos producir.

Además de tener un cuadro del resultado final, debemos asegurarnos de que sabemos qué se necesita durante este viaje. El desarrollo del liderazgo no se puede dar hasta que no tengamos todos los ingredientes necesarios. Si omitimos cualquiera de las siguientes necesidades del desarrollo del liderazgo, el resultado final se resentirá:

1. Visión
2. Oración
3. Un plan
4. Oportunidad
5. Reconocimiento
6. Tiempo

7. Gratitud
8. Autodesarrollo
9. Libertad

1. VISIÓN

Visión es el primer elemento de la lista por una razón: es el aire que respiran los líderes. La visión es la atmósfera que asegura la supervivencia de un líder. Debemos proveer una visión, una visión que sostiene y necesita líderes.

2. ORACIÓN

Jesús oró por sus discípulos; ciertamente nosotros no podemos hacer menos. Al final, es Dios quien obra a través de nosotros para desarrollar líderes. Debemos orar por nosotros mismos y por aquellos a los que desarrollamos. Debemos orar regularmente pero también específicamente.

3. UN PLAN

Aunque no podemos conocer todos los giros y devenires del camino, debemos tener una dirección general, un plan para desarrollar líderes. Tenemos que invertir tiempo y energía en pensar el plan y entenderlo profundamente.

4. OPORTUNIDAD

Aquellos a los que desarrollamos no pueden sentarse sin hacer nada. Debemos darles oportunidades genuinas de usar sus dones. Debemos delegarles responsabilidades, dejarles aprender en la práctica, confiar en ellos y estar disponibles para guiarles continuamente.

5. RECONOCIMIENTO

En nuestro celo por desarrollar buenos líderes, puede que se nos olvide equilibrar la crítica con el reconocimiento. Demasiadas veces dejamos que nuestras expectativas y altos estándares se interpongan en el camino de los comentarios positivos. No hay nada que ayude tanto a prosperar a un líder en desarrollo como la alabanza y el reconocimiento sinceros. Alábalos regularmente y alábalos genuinamente. Diles cómo te sientes con ellos. Asegúrate de reconocerlos en privado, pero asegúrate también de reconocerlos en público.

6. TIEMPO

No hay atajos para el desarrollo del liderazgo. Debemos encontrar tiempo en nuestra apretada agenda y hacer del mentoreo una prioridad.

7. GRATITUD

Cada líder que Dios nos da para desarrollar es un regalo. Deberíamos estar agradecidos por la oportunidad de desarrollar a otros, y por la confianza que nos ha sido dada.

8. AUTODESARROLLO

Para desarrollar a otros líderes, primero nosotros debemos estar creciendo. Deberíamos tener nuestro propio plan de desarrollo personal y nuestros propios mentores. Para que podamos enseñar, debemos estar dispuestos a ser enseñados.

9. LIBERTAD

Todos los padres sabemos que algún día nuestros hijos se irán de casa. También hay un tiempo adecuado para soltar a los líderes que hemos desarrollado. Eso no significa que la relación se acabe; solo significa que la relación cambia. Debemos anticipar el día en que podamos soltar líderes saludables para que sigan desarrollando sus talentos.

SEIS ASESINOS COMUNES DEL LIDERAZGO

Para llegar a nuestro destino, debemos seguir en la autopista. No podemos darnos el lujo de tomar carreteras secundarias innecesarias; y deberíamos alejarnos de las avenidas sin salida. Durante el viaje del desarrollo del liderazgo, también debemos evitar estos seis asesinos comunes del liderazgo:

1. Exceso de control
2. Liderazgo temeroso
3. Falta de recursos
4. Hacer que el error sea fatal
5. Crear un techo de cristal
6. Permitir evasivas

1. EXCESO DE CONTROL

La actitud de "a mi manera o no se hace" no tiene lugar en el desarrollo de buenos líderes. Nunca deberíamos insistir en que alguien solo haga las cosas a nuestra manera.

2. LIDERAZGO TEMEROSO

Es improductivo cuando aquellos a los que intentamos desarrollar tienen miedo de nuestras reacciones o temen contarnos algo. Si queremos desarrollar buenos líderes, debemos darles un entorno seguro.

3. FALTA DE RECURSOS

Si queremos que los líderes que desarrollamos tengan éxito, debemos estar seguros de que dispongan de todos los recursos que necesitan.

4. HACER QUE EL FRACASO SEA FATAL

Alguien dijo una vez que solo cometemos errores cuando no hemos aprendido nada de nuestros errores. Tenemos que asegurarnos de dar a los líderes en desarrollo la oportunidad de fallar y la oportunidad de aprender y seguir adelante.

5. CREAR UN TECHO DE CRISTAL

Tenemos que dar a los líderes en desarrollo una carrera profesional. No podemos limitar su potencial.

6. PERMITIR EVASIVAS

Una vez que hemos dado a nuestros líderes desarrollo de la responsabilidad, no podemos permitir que por rutina otros los ignoren o pasen por encima de ellos. Debemos protegerlos y asegurarnos de que reciban el respeto que merecen.

UN MODELO DE DESARROLLO DEL LIDERAZGO

Las iglesias desarrollan líderes de varias formas. Mi amigo, el Dr. Gerald Brooks, pastor fundador de la iglesia Grace Outreach Center, en Dallas, tiene un modelo concienzudo. Allí, el proceso de desarrollo del liderazgo comienza en cuanto alguien entrega el liderazgo de su vida a Jesucristo.

Grace tiene un pastor a tiempo completo que tiene la tarea de ser el cuidador inicial para todos los creyentes nuevos. Antes de decidir este enfoque, el Dr. Brooks miró a otras muchas iglesias independientes que tenían un pastor a tiempo completo, en vez de un laico, que tenía esta responsabilidad.

Cuando el pastor comienza a cuidar de alguien nuevo en la fe, recomienda el programa indicado para esa persona. En este sentido, un creyente nuevo comienza a entender lo más básico. Aprenderá acerca de ejercitar la fe en Dios y la importancia de la comunión con otros creyentes.

Al mismo tiempo que están aprendiendo lo básico, comenzarán a oír que cada nueva creación tiene un don, un talento o una habilidad que puede aportar vida a otros. Ese don puede ser natural en su orientación o puede ser espiritual. El pastor cuidador en el inicio les ayuda a entender que los dones naturales que se usan espiritualmente pueden tener un impacto espiritual, así como los dones espirituales pueden tener un impacto natural.

Aunque están quizás en su primera clase, también están experimentando su primera lección del desarrollo del liderazgo. Es comprensible así que alguien que tenga veinte años de edad de algún modo reciba un desarrollo distinto al de una persona de cincuenta años.

> *"Todo líder es capaz de formar su propio equipo soñado del reino... Mediante el poder del Espíritu santo, la capacidad de edificar un equipo así es un componente estándar en cada paquete de dones del líder".*
>
> **—*Liderazgo Audaz,* de Bill Hybels**

LAS SEIS P DE LA CULTURA DE LIDERAZGO EN LA IGLESIA.

Además de ayudar a los nuevos creyentes a desarrollar los dones de liderazgo, Grace se enfoca en hacer crecer a su equipo de liderazgo. La cultura de liderazgo de la iglesia está construida sobre seis conceptos, llamados las seis P:

- Pastorear
- Practicar la oración
- Posicionamiento
- Preparación
- Promoción
- Provisión

PASTOREAR

Pastorear está en la vanguardia del desarrollo del liderazgo de Grace. Cada uno de los que están directamente bajo el Dr. Brooks es responsable de encontrar y nutrir a nuevos líderes, así como de documentar este trabajo cada seis meses para el Equipo Ejecutivo de Liderazgo.

Buscar líderes no significa buscar selectivamente graduados de seminario y licenciados dentro de la congregación. Se recuerda constantemente a los pastores que pocas personas con las que trabajan tendrán aspecto de líderes cuando los encuentren por primera vez. El Dr. Brooks aclara este punto con un ejemplo de la vida del rey David. La Escritura dice que las personas que Dios le envió a David estaban estresadas, deprimidas y eran pobres. Muchas de estas mismas personas se convirtieron en sus hombres fuertes de valor. Enfatizar la habilidad de pastorear de esta forma desarrolla un tipo de líder concreto, uno que ha sido testigo de primera mano de la importancia del cuidado pastoral.

PRACTICAR LA ORACIÓN

Practicar de la oración aporta un fundamento firme para todo el desarrollo del liderazgo. La iglesia se toma en serio el mandato de Jesús en Mateo 9:37-38: *A la verdad la mies es mucha, mas los obreros pocos. Rogad, pues...* Para Grace, orar por obreros es sinónimo de orar por líderes. Esas oraciones conllevan dos cosas:

- Orar para que Dios dé sabiduría, fortaleza y habilidades mejoradas a los líderes que actualmente tienen.
- La capacidad de reconocer a nuevos líderes cuando Dios los envíe.

POSICIONAMIENTO

El *posicionamiento* de un líder se considera críticamente importante. La iglesia reconoce que la forma más rápida de perder un líder es situarlo en una posición equivocada, no importa lo grande que sea su potencial de liderazgo o lo grande que sea su corazón. El posicionamiento erróneo lleva a problemas.

Grace emplea mucho tiempo escuchando mientras sus nuevos líderes hablan. Animan a los líderes a hablar de aquello con lo que sueñan, con lo que no pueden vivir si no tienen, así como aquello por lo que claman. Estas conversaciones proporcionan la idea necesaria para decidir la posición apropiada. Cuando se termina una conversación, por lo general saben si los líderes prosperarán en el departamento de niños, en el departamento de música, con grupos pequeños o en el cuidado pastoral.

PREPARACIÓN

La *preparación* de un líder comienza poco después de decidir el posicionamiento, donde cada líder experimenta un programa de preparación único diseñado por uno de los pastores de la iglesia. Por ejemplo, el programa para los que trabajan con jóvenes es algo más que simplemente identificar las competencias y cualidades clave necesarias en un ministerio. También especifica diferentes caminos de desarrollo para un adolescente de dieciséis años y para una mamá soltera de treinta años. Otros pastores a cargo de varios programas tienen sus propias listas de competencias clave y planes de desarrollo para los líderes de ese ministerio. La fortaleza de este programa de preparación es su capacidad para aportar un camino de desarrollo hecho la medida para cada individuo y cada ministerio, uno que reconoce las cualidades únicas de cada líder.

PROMOCIÓN

La *promoción* de líderes fieles y capaces es también parte del programa de desarrollo. Aunque la iglesia aprecia a los líderes que están orientados a la tarea, también busca a los que muestran talentos que van más allá de su descripción de trabajo. Con estos líderes, comienzan a investigar si están listos o no para asumir una posición de liderazgo organizacional. A menudo esto comienza añadiendo la supervisión de un área específica de su ministerio. Si el líder tiene éxito en ello, podría conducir a oportunidades más estratégicas que conlleven la supervisión de todo un ministerio y la supervisión de otros líderes.

PROVEER

Proveer las herramientas, el entrenamiento y una inversión en líderes es un componente importante del programa de desarrollo. Grace compra el currículo que sea necesario para entrenar a sus líderes, los envía a conferencias, los agenda para visitar a oradores y los expone a los ministerios de otros líderes estelares. La iglesia entiende que tener líderes que estén dispuestos a dar de su tiempo y talento requiere una inversión de recursos.

Comenzando con la identificación pastoral, la oración, el posicionamiento y la preparación, los líderes de Grace están listos para un ministerio exitoso. A medida que crecen, reciben oportunidades continuamente para ascender y las herramientas necesarias para edificar un ministerio eficaz en el reino de Dios.

> *"Cuando atraes a un seguidor, añades a la iglesia. Cuando desarrollas a un líder, multiplicas la iglesia".*
>
> —John Maxwell

10

¿A QUIÉN LE ESTÁS SOSTENIENDO LA ESCALERA?

Al leer lo que he escrito hasta aquí, algunos pueden suponer que si somos líderes, lo único que necesitamos hacer es concentrarnos y desarrollar a otros sostenedores de escaleras. Esa es solo la mitad del concepto.

He aquí la otra mitad: cada verdadero líder sostiene la escalera de alguien más. Ese es el objetivo del liderazgo. Nos necesitamos unos a otros, y cuando sostenemos la escalera de otros cumplimos ese gran llamado que tenemos de servir a los demás.

Aquellos que somos líderes tendemos a olvidarnos de que somos escaladores de escalera y también sostenedores de escalera. Es más, siempre seremos sostenedores de escalera, incluso si somos escaladores de alto nivel.

Los líderes eficaces comprenden que le están sosteniendo la escalera a alguien más. Todos estamos llamados a sostener las escaleras a otros.

Los líderes eficaces reconocen dos hechos:

1. En el liderazgo siempre necesitaremos sostenedores de escaleras.
2. En el liderazgo también le sostendremos la escalera a alguien más. Estamos destinados a apoyar, asistir y ayudar a otros en su ascenso.

AUNQUE SOMOS ESCALADORES DE ESCALERA, TAMBIÉN SOMOS SOSTENEDORES DE ESCALERA.

Otra manera de comprender esto es preguntándonos: ¿Qué clase de sostenedor de escalera me gustaría ser? Por ejemplo, al comienzo de este libro escribí acerca de la necesidad de sostenedores de escalera con cinco características. Deben ser fuertes, atentos, fieles, firmes y leales. ¿No es obvio que necesitamos ser la clase de persona que queremos que otros lleguen a ser? Si queremos desarrollar sostenedores de escalera superiores, nosotros mismos necesitamos ser sostenedores de escalera superiores.

Si eres un líder, aquí está mi desafío: ¿La escalera de quién puedes sostener? ¿De qué líder de negocios puedes ser el mentor? En vez de mirar a reclutas potenciales y preguntar: "¿Cómo pueden servirme?", pregunta: "¿Cómo puedo servirles?".

El servicio debe ser una calle por donde viajemos en ambas direcciones. Es la ley de la reciprocidad y nos enseña que lo que damos regresará de nuevo a nosotros. Eso es absolutamente cierto; sin embargo, el problema es que podemos dar solamente lo que tenemos. Podemos entregar solamente lo que poseemos.

Si no somos buenos sostenedores de escalera, ¿cómo podemos esperar tener buenos sostenedores de escalera ayudándonos?

¿NO ES OBVIO QUE NECESITAMOS SER LA CLASE DE PERSONA QUE QUEREMOS QUE OTROS LLEGUEN A SER?

Si cada uno de nosotros puede reconocer este principio, eso quiere decir que aunque somos líderes, también somos sostenedores de escalera. He aquí algunas otras preguntas para reflexionar:

- ¿Poseo esas cinco cualidades esenciales de los buenos sostenedores de escalera?
- ¿Sostengo la escalera de otro intencionalmente?
- ¿Soy un sostenedor de escalera confiable?
- ¿Cuándo fue la última vez que pasé por el lado de un líder visionario y dije: "Realmente me gusta la visión y hacia dónde se dirige, deseo trabajar junto a él y asistirle sosteniéndole la escalera"?
- ¿Cuándo fue la última vez que me pregunté a qué líder puedo ayudar?" (muy a menudo solamente estamos buscando personas que nos ayuden).
- ¿Qué damos a entender de nosotros mismos si siempre buscamos a alguien para que nos sostenga la escalera, pero no estamos dispuestos a sostener la escalera de otra persona?

Hay un viejo refrán que dice que la mayoría de los predicadores viajarán al otro lado del mundo para dar un mensaje, pero no cruzarían la calle para escuchar uno. ¿Es esto una realidad en mí? He aquí otras preguntas que nos debemos hacer:

- ¿Cuándo fue la última vez que asistí a una conferencia de liderazgo donde yo no era uno de los oradores?
- ¿Cuándo fui a una conferencia solamente para oír a alguien más?
- ¿Cuándo fue la última vez que leí un libro y pensé: *Realmente me gusta esto*, y después me identifiqué con el autor?
- ¿Cuándo fue la última vez que vi la propaganda de alguien más en una revista y dije: "Quiero servir a esa persona"?

Es el principio (que también está en la Biblia) que dice "cosechamos lo que sembramos". Si sembramos sosteniendo escaleras, cosechamos a los que sostendrán las nuestras. Recibimos dando. Esto es tan cierto con el asunto de sostener escaleras como en todo lo demás.

En el liderazgo, para muchos de nosotros, no es fácil ser sostenedores de escalera, especialmente para aquellos, como yo, que somos líderes accidentales.

Todavía recuerdo la pregunta que me hizo mi amigo Tom Fortson. Tom, el vicepresidente ejecutivo de *Promise Keepers* (Cumplidores de Promesas), un día visitó Beulah Heights e hicimos un recorrido por el instituto. Caminando hacia nuestra capilla, se detuvo y me preguntó: "¿Puedes decirme cuándo te convertiste en líder?".

"No, realmente no puedo", dije. Inmediatamente mi mente me llevó a algo que John Maxwell una vez me dijo acerca de él. Si Tom Fortson le hubiera preguntado a John cuándo se convirtió en un líder, John habría sabido cómo responder. Para él, ese momento definitivo tuvo lugar durante sus días de la escuela primaria. La clase planeó un simulacro de una sala de tribunal. Los estudiantes eligieron al jurado, al demandado, al abogado de la defensa y al acusador. La clase eligió a John de juez. Debido a la confianza de ellos en su capacidad, ese día John supo que iba a convertirse en un líder.

Le conté esa historia a Tom Fortson y añadí: "Yo no he tenido esa clase de epifanía en mi vida. He sido uno de esos a los cuales el liderazgo se le ha revelado lentamente".

La pregunta de Tom ha permanecido conmigo y he pensado en ella muchas veces. Cuando comparto en iglesias y en diversas compañías, descubro que la mayor parte de los pastores principales y líderes en general también son líderes accidentales. De igual forma sucede cuando pregunto por el liderazgo en el ámbito de los negocios.

Tengo cincuenta años de edad al momento de escribir este libro. Durante mi tiempo en el instituto bíblico, seminario, o experiencia denominacional (tal como lo comenté en el capítulo seis), no recuerdo un solo momento en que alguien haya resaltado mi capacidad de liderazgo. Ni una sola vez alguien me ha dicho: "Veo potencial en ti. Buenas cosas van a suceder en tu vida. ¿Podría caminar contigo? ¿Me permites sostenerte tu escalera?".

Magníficos individuos me han dado excelentes consejos, otros me han abierto puertas; pero nadie ha caminado conmigo como sostenedor de mi escalera. El comprender que nadie, intencional y abiertamente, ha sido mi mentor, ha hecho que yo sea más intencional en cuanto a ser el mentor de otros. Esa es mi forma de sostener escaleras.

Para algunas personas, esa capacidad fluye libre y simplemente lo hacen. Porque la capacidad viene naturalmente, no muy a menudo piensan acerca de eso. Otros como yo no lo encuentran fácil porque no tenemos un modelo de conducta a seguir. A causa de que nunca fui a propósito aconsejado por un mentor, no sé las pistas sobre las cuales correr. Soy un líder accidental, pero no deseo ser un mentor accidental.

He aquí algunas preguntas importantes para finalizar:

- ¿A quién le estás sosteniendo la escalera en este momento?
- ¿Quién está subiendo y confiando en que tú estarás en la parte de abajo, agarrando su escalera?
- ¿Quién está subiendo a grandes alturas porque tú hiciste un alto en el camino y le dijiste: "Permítame, lo sostengo"?
- ¿Quién mirará atrás un día y dirá: "Subí quince metros porque tú sostuviste mi escalera"?

Tenemos oportunidades de ser el sostenedor de escalera de alguien más. A causa de que nadie lo ha hecho con nosotros, comprometernos intencionalmente a sostener escaleras puede resultar difícil, pero no imposible. Eso no nos excusa. Únicamente significa que para nosotros, los líderes accidentales, nos puede tomar un poco más de esfuerzo el llegar a ser servidores intencionales. Pero podemos lograrlo. Podemos comprometernos a aprender cómo sostener las escaleras, de modo que otros puedan subir alto y que algunos de ellos puedan incluso sobrepasarnos.

Nadie ha subido el monte Everest sin un grupo. Las personas que suben Stone Mountain, de una milla de altura en las afueras de Atlanta, lo hacen porque es un trayecto relativamente fácil y no necesitan un grupo. No importa cuán alto vayamos, deberíamos estar sosteniendo la escalera de alguien más; ese es el gran objetivo del liderazgo.

Como líderes, cuando comenzamos a subir, la decisión más importante es la de elegir a los sostenedores de escalera apropiados; como sostenedores de escalera, la decisión más importante es el seleccionar qué escaleras sostenemos.

He aquí una forma en que me gusta pensar acerca de esto: cuando logramos grandes cosas en nuestra propia escalera, recordamos lo que hemos hecho. Cuando sostenemos intencionalmente las escaleras de otros y logran grandes cosas, ellos nos recuerdan. Sus logros se convierten en nuestro legado.

NOTAS

CAPÍTULO 3

1. 19 de marzo de 2001, p. 2A.

CAPÍTULO 4

2. *La iglesia del mañana,* por Samuel R. Chand y Cecil Murphey, Liderazgo Práctico, Whitaker House, 2018.

3. *Ibid.*

CAPÍTULO 5

4. p. 8.

5. *Ibid.*

6. p. A12.

CAPÍTULO 7

7. Marzo-Abril 2002, p. 34.

8. *Ibid.*

9. Una entrevista hecha por Andrew Dietz en catalystmagazine.com, 1. p. 18.

10. *Ibid.*

11. *op. cit.* p. 20.

12. Leader, vol 35, no 1, p. 126.

13. Atlanta Journal-Constitution, 7 de abril de 2002, p. C1.

14. 5 de enero de 2003, p. C1.

15. "Radio Shack's Leonard Roberts" por Lisa E. Davis, septiembre de 2000, p. 44.

16. *Ibid.*

17. "Beyond Greatness" por Mark Seal, Celebrated Living, Winter 2002, p. 32.

18. Leader, Vol. 26, no 1, p. 41.

19. *Ibid.*

CAPÍTULO 8

20. Geoffrey W. Bromiley, Theological Dictionary of the New Testament, Abridged, Eerdmans, 1985, p. 707

APÉNDICE: ENSEÑANDO ESTE MATERIAL

Posiblemente encuentres una oportunidad de enseñar este material. Espero que así sea. Para facilitarlo, en las páginas siguientes he puesto un resumen del material expuesto en este libro. Puedes hacer copias del resumen que trae los espacios en blanco como una ayuda en la enseñanza. Después de esto, está un resumen completo. Este libro le pone "carne" a ese esqueleto.

¿QUIÉN SOSTIENE TU ESCALERA?

LA DECISIÓN MÁS IMPORTANTE QUE TOMARÁS EN EL LIDERAZGO ES S__________________ TUS SOSTENEDORES DE ESCALERA.

1. ¿Alguien te está sosteniendo tu E______________?

2 ¿Qué Clase de P______________ está sosteniendo tu escalera?

A. ¿Les tienes que R________________ las cosas constantemente?

B. ¿Son D________________ o intencionales?

C. ¿Tienen sus ojos fijos en T____ o están mirando alrededor?

D. ¿Están bien aferrados a tu "escalera" o a tu V_________?

3. Cualidades de un sostenedor de escalera efectivo:

A. F_____________

B. A_____________

C. F_____________

D. F_____________

E. L_____________

4. Los sostenedores de escalera deben ser E______________.

A. Muy pocos líderes tienen sostenedores de escalera C________________ y E________________.

B. Tu escudero / A________________ puede no ser necesariamente tu sostenedor de escalera.

C. Las personas necesitan instrucción C________________.

5. P________________ y perspectiva de la escalera

A. La mayor tragedia es subir a la cima de la escalera solo para descubrir que tu escalera está apoyándose sobre el edificio E________________

B. Evaluación

(1) A________________ quieres ir.

(2) P________________ estás sobre la escalera.

(3) Q________ herramientas necesitas allá arriba; no puedes mantenerte subiendo y bajando.

6. Dos categorías básicas de sostenedores de escalera:

A. L________________

B. A________________

LÍDERES		ADMINISTRADORES
Conceptualizan los resultados al trabajar desde el F__________hacia el P______________.		Conceptualizan los planes trabajando desde el P__________hacia el P______________.
Abarcan una perspectiva M________ - El cuadro completo		Abarcan una perspectiva M________ - Parcial
Están a favor del modo de pensar I______________		Están a favor del modo de pensar R______________
Poseen dotes R______________		P______________el *statu quo*
Enfatizan el Q____y el P________		Enfatizan el C______y el C______
I__________y motivan		C______________y dirigen
Se E__________por los cambios		El cambio les A____________

Se mueven R_______________		Se mueven L_______________
Identifican las O_______________		Identifican los O_______________
Toman R_______________		Evitan los R_______________
Buscan R_______________		Limitan sus acciones a los recursos D_______________
Se centran en las P_______________		Se centran en los S_______________
Se centran en las I_______________		Se centran en los P_______________
D_____________ la aprobación de las personas		N_____________ la aprobación de las personas

RESUMEN:

Los administradores obtienen lo mejor proveniente de E_______ M____________. Los líderes lo obtienen de O_________.

7. Convirtiendo S__________________ de escalera en T_______________

A. Formación E_________________

(1) Asuntos de seguridad

(2) Encontrando propósito y destino

B. Formación de H__________________

(1) Ayudar a otros sostenedores de escalera

(2) Delegar

(3) Comunicación

C. Formación E________________

(1) Plan para desarrollar a otros sostenedores de escalera:

(2) Ser mentoreado. Verlo (S____________); Ejercerlo (C______________) y ayudar a otros a verlo (M_______________)

(3) Autorizar a otros

8. ¿A quién le estás S__________________ la escalera?

A. En el liderazgo siempre necesitarás sostenedores de E_______________.

B. En el liderazgo siempre sostendrás la E_____________ de alguien más.

CONCLUSIÓN:

LA DECISIÓN MÁS IMPORTANTE QUE TOMARÁS EN EL LIDERAZGO ES SELECCIONAR A TUS SOSTENEDORES DE ESCALERA.

ENSEÑANDO ESTE MATERIAL

¿QUIÉN SOSTIENE TU ESCALERA?

LA DECISIÓN MÁS IMPORTANTE QUE TOMARÁS EN EL LIDERAZGO ES SELECCIONAR A TUS SOSTENEDORES DE ESCALERA.

1. ¿Alguien te está sosteniendo tu **ESCALERA**?

2 ¿Qué clase de **PERSONA** está sosteniendo tu escalera?

   A. ¿Les tienes que **RECORDAR** las cosas constantemente?

   B. ¿Son **DESCUIDADOS** o intencionales?

   C. ¿Tienen sus ojos fijos en **TI** o están mirando alrededor?

   D. ¿Están bien aferrados a tu "escalera" o a tu **VISIÓN**?

3. Cualidades de un sostenedor de escalera efectivo:

   A. **FUERTE**

   B. **ATENTO**

C. **FIEL**

D. **FIRME**

E. **LEAL**

4. Los sostenedores de escalera deben ser **ENTRENADOS.**

A. Muy pocos ministros tienen sostenedores de escalera **CALIFICADOS** y **ENTRENADOS.**

B. Tu escudero / **ASISTENTE** puede no ser necesariamente tu sostenedor de escalera.

C. Las personas necesitan instrucción **CLARA.**

5. **POSICIÓN** y perspectiva de la escalera:

A. La mayor tragedia es subir a la cima de la escalera solo para descubrir que tu escalera está apoyándose sobre el edificio **EQUIVOCADO.**

B. Evaluación

(1) **ADÓNDE** quieres ir.

(2) **POR QUÉ** estás sobre la escalera.

(3) **QUÉ** herramientas necesitas allá arriba; no puedes mantenerte subiendo y bajando.

6. Dos categorías básicas de sostenedores de escalera:

A. **LÍDERES**

B. **ADMINISTRADORES**

LÍDERES	ADMINISTRADORES
Conceptualizan los resultados al trabajar desde el FUTURO hacia el PRESENTE.	Conceptualizan los planes trabajando desde el PASADO hacia el PRESENTE.
Abarcan una perspectiva MACRO - El cuadro completo	Abarcan una perspectiva MICRO - Parcial
Están a favor del modo de pensar INNOVADOR.	Están a favor del modo de pensar RUTINARIO.
Poseen dotes REVOLUCIONARIOS.	PROTEGEN el *statu quo.*
Enfatizan el QUÉ y el POR QUÉ.	Enfatizan el CÓMO y el CUÁNDO.
INSPIRAN y motivan.	CONTROLAN y dirigen.
Se EMOCIONAN por los cambios.	El cambio les AMENAZA.
Se mueven RÁPIDAMENTE.	Se mueven LENTAMENTE.
Identifican las OPORTUNIDADES.	Identifican los OBSTÁCULOS.
Toman RIESGOS.	Evitan los RIESGOS.
Buscan RECURSOS.	Limitan sus acciones a los recursos DISPONIBLES.

Se centran en las PERSONAS.	Se centran en los SISTEMAS.
Se centran en las IDEAS.	Se centran en los PLANES..
DESEAN la aprobación de las personas.	NECESITAN la aprobación de las personas.

RESUMEN:

Los administradores obtienen lo mejor proveniente de **ELLOS MISMOS.** Los líderes lo obtienen de **OTROS.**

7. Convirtiendo **SOSTENEDORES** de escalera en **ESCALADORES.**

A. Formación **ESPIRITUAL**

(1) Asuntos de seguridad

(2) Encontrando propósito y destino

B. Formación de **HABILIDADES**

(1) Ayudar a otros sostenedores de escalera

(2) Delegar

(3) Comunicación

C. Formación **ESTRATÉGICA**

(1) Plan para desarrollar a otros sostenedores de escalera

(2) Ser mentoreado. Verlo (**SABER**); Ejercerlo (**CRECER**) y ayudar a otros a verlo (**MOSTRAR**)

(3) Autorizar a otros

8. ¿A quién le estás **SOSTENIENDO** la escalera?

A. En el liderazgo siempre necesitarás sostenedores de **ESCALERA.**

B. En el liderazgo siempre sostendrás la **ESCALERA** de alguien más.

CONCLUSIÓN:

LA DECISIÓN MÁS IMPORTANTE QUE TOMARÁS EN EL LIDERAZGO ES SELECCIONAR A TUS SOSTENEDORES DE ESCALERA.

ACERCA DEL DR. SAMUEL R. CHAND

Como constructor de sueños, el Dr. Sam Chand sirve a pastores, ministerios y negocios como arquitecto de liderazgo y estratega del cambio. El Dr. Sam Chand ha servido como pastor principal, presidente de universidad, rector y presidente emérito.

Personalmente realiza consultas, es mentor y *coach* de algunos de los pastores de las iglesias más grandes en América; habla regularmente sobre liderazgo en conferencias, iglesias, empresas, mesas redondas, conferencias para ministros, seminarios y otras oportunidades de desarrollo del liderazgo. Fue incluido en la lista de los 30 principales gurús del liderazgo global.

Su singular visión de la vida es ayudar a otros a tener éxito. El Dr. Sam Chand desarrolla líderes mediante consultas y recursos de liderazgo, libros y conferencias sobre liderazgo. Los líderes están usando en todo el mundo los libros del Dr. Chand como manuales en el desarrollo del liderazgo.

Haber sido criado en un hogar de pastores en India, ha equipado de modo único al Dr. Sam Chand para compartir su pasión, que es mentorear, desarrollar e inspirar a líderes a romper todos los límites, en el ministerio y en el mundo empresarial.

Para más información, comuníquese con:

Samuel R. Chand Consulting
950 Eagles Landing Parkway, Suite 295
Stockbridge, GA 30281 USA
www.samchand.com